Margit Lambach (Hrsg.)
Der Zwergenaufstand

Mutter sein und ans Haus gebunden sein ist längst nicht mehr dasselbe. Viele junge Mütter suchen schon bald nach der Geburt ihres Kindes aktiv nach Möglichkeiten, ihren Alltag neu zu gestalten. Dabei lernen sie Frauen kennen, deren Lebenssituation ähnlich ist: Sie sind in der Regel nicht berufstätig, haben viel freie Zeit, sind offen für neue Kontakte und freuen sich, wenn ihre Kinder mit anderen Kindern zusammenkommen. Immer mehr Kirchengemeinden entdecken, dass diesen Frauen auch anderes gemeinsam ist, und öffnen ihnen ihre Tür. Viele junge Eltern suchen nach einer Neuorientierung in verschiedenen Lebensfragen. Lange beiseite geschobene existenzielle und religiöse Fragen gewinnen neue Aktualität.

Die hier gesammelten Ideen helfen, mit der Situation kreativ umzugehen und für Mütter und Kinder Treffen zu gestalten, auf die alle sich schon die ganze Woche freuen.

Margit Lambach, geboren 1954, Bankkauffrau mit theologischer Ausbildung und mehrjähriger Erfahrung in der Suchtkrankenarbeit, lebt in Melsungen bei Kassel. Seit 1983 arbeitet sie in Mutter-Kind-Kreisen mit und leitet Mutter-Kind-Freizeiten. 1991 begann sie gemeinsam mit einem Team Bibellesegruppen für Mütter mit Kleinkindern.

Margit Lambach (Hrsg.)

Der Zwergenaufstand

25 Ideen für Mutter-Kind-Kreise

R. BROCKHAUS

RB*taschenbuch Bd.* 547

Umschlag: Dietmar Reichert, Dormagen
Zeichnungen im Textteil:
Astrid Berg, Judith Filker, Gudrun Kutz, Mick Inkpen
Fotos: Astrid Berg, Margit Lambach
Gesamtherstellung: Breklumer Druckerei Manfred Siegel KG
ISBN 3-417-20547-6
Bestell-Nr. 220 547

Dieses Buch ist gedruckt auf 100 % Recyclingpapier

INHALT

VORWORT

Viele junge Frauen erleben nach der Geburt ihres ersten Kindes, dass sie plötzlich nicht mehr »dazugehören«. Freundinnen, die (noch) keine Kinder haben, verfolgen zielstrebig ihre Karriere, andere sind ständig unterwegs, um das Leben auf ihre Weise zu genießen, solange sie noch nicht durch Kinder gebunden sind.

Eine neue Lebensphase ist angebrochen - unwiderruflich, auch wenn man sich das am Anfang oft nicht eingestehen mag. Manche alten Freundeskreise brechen auseinander, wenn ein Paar nicht mehr alles mitmachen kann, weil ein »Zwerg« seine Ansprüche geltend macht. Einiges ist mit einem unproblematischen Säugling noch machbar, aber spätestens ein Krabbelkind raubt den meisten Freunden einfach »den Nerv«. Man braucht als Mutter (und als Paar) neue Freunde - solche, denen es ähnlich geht und die vieles auch erst lernen müssen. Die Sehnsucht nach Austausch und nach Neuorientierung in dieser Lebensphase ist groß.

Aus dieser Situation heraus ergreifen immer mehr Mütter die Initiative: Sie gründen Mutter-Kind-Kreise, Foren, in denen sich Frauen, die durch eine ähnliche Lebenssituation verbunden sind, treffen.

Schönes und Schwieriges, Wichtiges und Alltägliches kann hier miteinander geteilt werden. Und dazu gehört auch die religiöse und existenzielle Seite des Lebens mit Kindern: Wie kann man ein Gute-Nacht-Gebet sprechen, wenn man selbst schon lange nicht mehr betet? Wie antwortet man auf Fragen nach dem Sinn und Ziel des Lebens, die man sich doch selbst nicht beantworten kann?

Mutter-Kind-Gruppen, die in eine Gemeindearbeit eingebunden sind, haben den Vorteil, in dieser Neuorientierungsphase besonders vielfältige Hilfe anbieten zu können: Je nach Struktur der Gemeinde gibt es Frühstückstreffen für Frauen, Bibellese-Gruppen für Mütter mit Kleinkindern, Familiengottesdienste, Mutter-Kind-Freizeiten, Eltern-Treffs oder anderes. Eine enorme Chance – und eine große Aufgabe.

Von »5 x 5 zündende Ideen für Frauengesprächskreise« bis zu »25 Ideen für Mutter-Kind-Kreise« war es nur ein kleiner Schritt. Viele Frauen haben mir gesagt, dass sie sehr dankbar für diese knapp gehaltenen Arbeitshilfen sind, in denen ein einfaches Grundkonzept erkennbar ist, das sie an ihre jeweilige Gruppensituation anpassen können. Warum so etwas Kleines und Praktisches nicht auch für Mutter-Kind-Kreise konzipieren, war die nächste Frage. Und hier ist es nun: »Der Zwergenaufstand«.

Die Stundenentwürfe, die die Mitarbeiterinnen aus vier verschiedenen Kreisen zusammengetragen haben, sind in der Praxis erprobt und bewährt; das heißt aber nicht, dass Sie nun alles genau so übernehmen sollten, wie es beschrieben ist. Die vorgestellten Modelle sollen Sie anregen, das für Ihre Gruppe Passende selbst zu finden.

Am Schluss finden Sie einige Programmideen, wie nicht nur Mütter und Kleinkinder, sondern die ganze Familie miteinbezogen werden kann.

Wir hoffen, dass wir Ihnen mit dieser Arbeitshilfe einige gute Impulse und neue Ideen für Ihren Mutter-Kind-Kreis geben können, und wünschen Ihnen viel Freude beim Abschauen und Selber-noch-besser-Machen!

Ihre Margit Lambach

»Der Zappelkreis«

Grundsätzliches zur Situation der Gruppe

Seit vier Jahren trifft sich unser Mutter-Kind-Kreis einmal in der Woche in den Räumen der evangelisch-freikirchlichen Gemeinde Kassel-West.

Anfänglich hatten wir nur Kinder im Alter von drei Monaten bis drei Jahren. Wer ins Kindergartenalter kam, schied aus, da der Spielkreis vormittags stattfand. Aus organisatorischen Gründen wurde der Spielkreis aber dann auf den Nachmittag verlegt. Ab diesem Zeitpunkt nahmen dann auch wieder die älteren Geschwisterkinder bis 6 Jahre teil.

Die Gruppe besteht ausschließlich aus Müttern, die zuvor keinen Kontakt zu unserer Gemeinde hatten. Zehn bis fünfzehn Mütter kommen seit Jahren regelmäßig; die Zahl der Kinder liegt zwischen zehn und zwanzig. Unter den Kindern hat sich eine gute Gemeinschaft entwickelt, weil die Gruppenzusammensetzung relativ konstant geblieben ist.

Im Sommer findet der Mutter-Kind-Kreis bei schönem Wetter auf einem Spielplatz im Freien statt. Sonst ist der Ablauf des Nachmittags immer gleich:

Ich beginne jeden Spielkreis mit einem *Begrüßungslied.* Bei weniger als zehn Kindern nehme ich meistens »Guten Morgen, (Name eines Kindes), schläfst du noch, schläft du noch?« nach der Melodie »Bruder Jakob«; bei mehr als zehn Kindern »Tsch, tsch, tsch, die Eisenbahn, wer will mit zum Spielkreis fahr'n?«.

Es empfiehlt sich, eine Glocke oder einen Schellenkranz beim Begrüßungslied zu verwenden. Jedes Kind darf mit der Glocke läuten und wird persönlich mit seinem Namen, der im Lied vorkommt, begrüßt. Wenn sich die Mütter noch nicht gut kennen, kann man auch den Namen der Mutter mitsingen. Aber: Darauf achten, dass das Begrüßungslied nicht zu lang wird, weil sich sonst die Konzentration der Kinder erschöpft. Es ist gut, als *Ein-*

stieg einfache Reime zu verwenden, zum Beispiel »Bim, Bam, Bommel« oder »Guckt ein Mäuschen aus dem Häuschen« (Zungenspiel). Die Reime sollten immer mal wiederholt werden; viele Kinder brauchen lange Zeit dasselbe Angebot, ehe sie sich entscheiden mitzumachen.

Geeignete Lieder zum Wach- und Mitmachen sind unter anderem »Ach, wie bin ich müde« oder »1, 2, 3 im Sauseschritt« von Detlef Jöcker oder »Was machen wir so gerne hier im Kreis«. Bei diesen Liedern sollten am besten alle aufstehen und entsprechende Bewegungen dazu machen; das kommt dem natürlichen Bewegungsdrang der Kinder entgegen.

Ruhige Lieder, die im Sitzen als Fingerspiel angeboten werden können, sind unter anderem »Zehn kleine Zappelmänner« (nach der Melodie von »Zehn kleine Negerlein«), »Eine kleine Spinne« oder »Wie das Fähnchen auf dem Turme«. Zur Themenreihe mit der kleinen Schnecke Nele passt das Lied »Eine kleine Schnecke« (nach der Melodie »Bruder Jakob«) sehr gut.

Zur Darbietung der Themenreihe: Die Geschichte von dem Schneckenmädchen Nele wird auch dann vorgelesen, wenn es unruhig ist. Sogar die ganz kleinen Kinder bekommen oft mehr mit, als man denkt. Wichtig ist, dass man die Kinder (aber vor allem auch die Mütter) darum bittet, eine Weile still zu sein und auf die Geschichte zu hören. Auch wenn es manchmal sinnlos erscheint: Lassen Sie sich nicht beirren, lesen Sie ruhig vor. Die Kinder gewöhnen sich an den festen Ablauf des Vormittags und möchten die Geschichte nicht missen.

Als Alternative zur Geschichte habe ich gute Erfahrungen mit kurzen Puppenspielen gemacht. Der feste Rahmen ist für alle Kinder eine Hilfe, um sich zurechtzufinden – und viele fordern sogar bestimmte Teile des Ablaufs lautstark ein. Am Anfang ist es mir oft schwer gefallen, das Programm durchzuhalten, aber ich habe gemerkt, wie wichtig eine gewisse Kontinuität für das Gelingen des Spielkreises ist.

Sinnvoll ist es, nach der Schneckenmädchen-Geschichte oder dem Puppenspiel das Gehörte mit Bastelarbeiten zu vertiefen:

Malen, Ausschneiden, Kleben, Reißen, Kneten, Falten sind sehr beliebt, aber auch Backen und Pflanzen.

Den *Abschluss* bildet ein gemeinsames Kaffeetrinken, das den Müttern (oder Vätern oder Großeltern) Gelegenheit zum Gespräch gibt und den Kindern freies Spielen miteinander ermöglicht. Kaffee oder Tee muss vor der Stunde gekocht werden (man kann auch gut löslichen Kaffee verwenden, wenn die Teilnehmerzahl sehr schwankt). Das Essen dazu wird von den Müttern mitgebracht. Es empfiehlt sich, in der vorherigen Stunde mit den Müttern abzusprechen, was beim nächsten Mal mitgebracht werden sollte: ob »nur« Obst oder Obstsalat oder ob auch Salzstangen und Kekse erlaubt sind. (Die Kinder lieben es, ab und zu so viel Kekse essen zu dürfen, wie sie wollen – das gehört auch dazu!)

Nach dem gemeinsamen Aufräumen und Abwaschen des Geschirrs folgt ein gleichbleibendes Abschlusslied oder -ritual, zum Beispiel »Alle Leut', alle Leut' gehn jetzt nach Haus.«

Da ich die einzige Mitarbeiterin dieses Mutter-Kind-Kreises bin, habe ich ein Konzept entwickelt, das sich auch über Jahre von einer einzigen Person durchführen lässt, ohne dass man den Spaß verliert oder sich überfordert.

Simone Ahlbrecht

- ▶ Thema: **Freundschaft**
- ▷ Text: »Nele, die kleine Schnecke, findet eine Freundin«
- ▷ Zielgedanke: Man braucht ein bisschen Mut, um auf andere zuzugehen

Einstieg

Begrüßungslied

»Guten Morgen« nach der Melodie von »Bruder Jakob«:

Guten Morgen, Sabine
(Name des Kindes oder der Mutter oder beider nacheinander einsetzen),
schläfst du noch? Schläfst du noch?
Hörst du nicht die Glocken, hörst du nicht die Glocken? – Ding, ding, dong; ding, ding, dong
(kräftig mit einer Glocke klingeln).

Reim miteinander aufsagen mit entsprechenden Bewegungen:

Bim, Bam, Bommel, die Katze schlägt die Trommel;
(mit den Fäusten auf Erde, Tisch oder Stuhl trommeln),
zehn kleine Mäuse tanzen in der Reih',
(mit den Fingern über die Erde krabbeln)
und die ganze Erde donnert dabei!
(Fest mit den flachen Händen auf den Boden oder Tisch schlagen)

Mitmachlied: »Ach, wie bin ich müde«

Instrumentalbegleitung

[Ostinat]

Text: Lore Kleikamp
Musik: Detlev Jöcker

Ruhiges *Fingerspiel:* »Zehn kleine Zappelmänner« nach der Melodie »Zehn kleine Negerlein«:

Zehn kleine Zappelmänner zappeln hin und her;
zehn kleinen Zappelmännern fällt das gar nicht schwer
(mit allen zehn Fingern hin und her zappeln).
Zehn kleine Zappelmänner zappeln auf und nieder;
zehn kleine Zappelmänner tun das immer wieder
(mit den Fingern auf und nieder zappeln).
Zehn kleine Zappelmänner zappeln ringsherum;
zehn kleine Zappelmänner, die sind gar nicht dumm
(alle Finger im Kreis bewegen).
Zehn kleine Zappelmänner kriechen ins Versteck;
zehn kleine Zappelmänner sind auf einmal weg
(die Hände hinter dem Rücken verstecken).
Zehn kleine Zappelmänner rufen laut: Hurra!
Zehn kleine Zappelmänner sind jetzt wieder da!
(Hände wieder hervorholen und zeigen)

Erarbeitung

Geschichte vorlesen: »Nele, die kleine Schnecke, findet eine Freundin«

Es war ein warmer Frühlingstag. Die ersten Blumen hatten schon die Köpfe aus der Erde gestreckt, um den Sonnenschein zu begrüßen. In einer kleinen Mulde, umgeben von Gras und Blättern, lebte eine Schneckenfamilie. Wenn wir ganz leise sind und uns weit hinunterbeugen, können wir vielleicht hören, was die Schnecken sich erzählen . . .

»Was meint ihr denn? Wie sieht sie aus?«, fragte der Schneckenvater. »Ich finde, sie sieht wie eine zu lange gekochte Nudel aus«, sagte Floris, ein älteres Schneckenkind.

»Nein«, wandte die Schneckenmutter ein, »für ein kleines Schneckenkind sieht sie sehr hübsch aus. Ein bisschen neugierig vielleicht, wie sie uns so anschaut. Wir könnten sie Nele nennen.« – Nun muss man natürlich wissen, dass »Nele« auf Schneckisch, das ist die Schneckensprache, »neugierig« heißt.

Nach ein paar freundlichen Frühlingstagen durfte Nele mit ihrem großen Bruder Floris das Schneckenzuhause verlassen und einen kleinen Ausflug machen. »Floris, wo gehen wir hin? Ich bin schon ganz aufgeregt. Wo kommen die vielen Blumen her? Was liegt hinter der Wiese? Floris, du musst mir alles erzählen!«

»Na, das kann ja heiter werden«, brummte Floris, »die stellt ja noch mehr Fragen als der Lehrer in der Schule!«

Die beiden Schneckenkinder kletterten auf einen warmen Stein, der zu einer kleinen Mauer gehörte. »Schau, Nele, das ist der Garten, in dem wir wohnen. In dem Haus da drüben wohnt die Familie Flux. Sie haben drei Kinder, aber die lassen uns meistens in Ruhe. Das solltest du übrigens auch tun: mich in Ruhe lassen! Ich kann deine vielen Fragen nicht beantworten. Da musst du dir einen anderen suchen. Die alte Eule zum Beispiel, die in dem großen Baum am Waldrand wohnt, die hat viel gesehen und ist sehr klug. Die kannst du ja fragen!«

»Aber Floris«, sagte schüchtern die kleine Nele, »fressen Eulen nicht furchtbar gerne kleine Schnecken?«

»Doch, das tun sie«, sagte Floris mit ernster Miene, »aber nur die, die kein Haus auf dem Rücken haben. Du bist ihr viel zu hart. Das sagt jedenfalls Herr Schnack, unser Schneckenlehrer. Wenn du willst, bringe ich dich zum großen Baum! Aber dann habe ich eine Verabredung mit den anderen zum Versteckspielen.«

Floris und Nele machten sich auf den Weg zum großen Baum. Wie ihr euch vorstellen könnt, dauerte es eine Weile, bis die zwei Schneckenkinder dort ankamen. Aber Schnecken haben viel Zeit und wenn sie etwas wollen, erreichen sie es auch.

Nele hatte ein bisschen Angst, als sie vor dem großen Baum stand. Aber Floris hatte gesagt, dass die Eule nicht gefährlich sei, und Nele hatte sooo viele Fragen, die auf eine Antwort warteten. Also kletterte sie langsam den Stamm des Baumes hoch.

»Hallo, liebe Eule, ich komme dich besuchen!«, rief sie auf ihrem Weg, damit die Eule Bescheid wusste und sie nicht doch mit einer Nacktschnecke verwechselte.

»Komm nur auf diesen Ast hier«, rief von oben plötzlich jemand. Nele war ganz außer Puste, als sie ankam. Und dann sah sie die Eule: Sie war sehr groß im Vergleich zu einer kleinen Schnecke und sehr grau. Auch ihre Federn waren sehr beeindruckend. Nele hielt den Atem an.

»Du brauchst keine Angst zu haben«, sagte die graue Eule mit freundlicher, tiefer Stimme. »Ich freue mich über deinen Besuch!«

So verbrachten Nele, die kleine neugierige Schnecke, und Elvira, die große kluge Eule, einen fröhlichen Nachmittag miteinander. Nele war froh, dass sie ihre Angst überwunden hatte und so eine neue Freundin finden konnte.

Basteleinheit zur Geschichte:

1. Den Umriss einer Eule auf ein DIN-A-4-Blatt malen, die Kinder reißen Glanzpapier in kleine Stücke und bekleben die Eule.
2. Synthetikfell in Braun oder Grau besorgen. Eule mit Hilfe einer Schablone ausschneiden und auf einen von den Müttern und/oder Kindern gemalten Baum kleben.

Abschluss

Freies Spielen, Kaffeetrinken, Aufräumen
Abschlusslied

► Thema: **Streit**
▷ Text: »Warum Nele zwei Blätterhäuschen baut«
▷ Zielgedanke: Einen Streit kann man mit einer Entschuldigung aus dem Weg räumen

Einstieg

Begrüßungslied

Reim miteinander aufsagen mit entsprechenden Bewegungen:

»Hammer, Hammer, klopf, klopf, klopf
(die Fäuste aufeinander klopfen),
schlägt den Nagel auf den Kopf
(leicht mit der Faust auf den Kopf des Kindes klopfen),
Zange, Zange, zwick, zwick, zwick
(mit Daumen und Zeigefinger Zwickbewegung machen),
zwickt den Nagel ins Genick,
(Kinder leicht ins Genick zwicken)
und die große alte Säge, die sägt gerade oder schräge
(mit den Armen Sägebewegungen machen).

Mitmachlieder:

»Mein Dackel Waldemar«

Mein Dackel Waldemar und ich, wir zwei
(bei dem Wort »Waldemar« einen kleinen Dackel streicheln, bei »ich« auf sich selbst zeigen und bei »zwei« zwei Finger zeigen),
wir wohnen Regenbogenstraße drei
(bei »Regenbogenstraße« einen Bogen beschreiben und bei »drei« drei Finger heben),

und wenn wir abends unsre Runden dreh'n
(im Kreis drehen),
dann kann man Dackelbeine wackeln seh'n!
(mit den Beinen wackeln)

oder »Das Lied vom Rabada-Tier«

Es machte schlapp, schlapp mit der Zunge
(beim Singen die Zunge zweimal herausstrecken)
und klapp, klapp mit den Ohr'n
(die Hände an die Ohren legen und nach vorne und hinten bewegen),
es rüttelte und es schüttelte sich
(sich rütteln und schütteln)
und bog sich dann nach vorn
(nach vorne beugen).
Es machte klatsch, klatsch mit den Händen
(klatschen)
und stampf, stampf mit dem Fuß
(stampfen),
es drehte sich im Kreis herum und gab mir einen Kuss
(drehen und dann einen lauten Kuss nachmachen).

(Reim und Lieder mündlich überliefert)

Lieder mit Fingerspiel: »Gott hält die ganze Welt in seiner Hand« und »Zehn kleine Zappelmänner«

Erarbeitung

Geschichte vorlesen: »Warum Nele zwei Blätterhäuschen baut«

Der Tau glitzerte auf einem Grashalm im Garten der Familie Flux, als der Tag erwachte. Aus einer kleinen Mulde im Boden konnte man aufgeregte Stimmen hören, wenn man aufmerksam hinhörte. »Floris, du bist gemein! Warum hast du mein Blätterhäuschen kaputt gemacht?«, rief Nele aufgebracht.

»Das habe ich nicht mit Absicht getan! Außerdem konnte ich nicht wissen, dass dieser Haufen aus alten Blättern ein Haus sein sollte«, brummte Floris. »Nächstes Mal lass dich lieber nicht auf meinem Fußballfeld sehen.«

»Floris, du hast genau gesehen, wie ich gestern an meinem Blätterhäuschen gebaut habe. Und dann hast du dort plötzlich Fußball gespielt. Du blöde Schnecke hast alles absichtlich kaputt gemacht«, jammerte Nele.

»Das stimmt überhaupt nicht! Und nenn mich nicht blöde, sonst . . .«

Aber Nele hörte gar nicht mehr zu, sondern kroch davon. Tränen liefen über ihr Gesicht und sie wollte mit ihrem Bruder nichts mehr zu tun haben. Sie suchte sich ein gemütliches Plätzchen auf einem Stein, der von der Sonne beschienen wurde, und wollte erst einmal ausgiebig die beleidigte Leberwurst spielen. »Soll doch Floris sich entschuldigen, der Schuft!«, dachte sie wütend. Wie sie so schmollte, hörte sie plötzlich ein leises Geräusch. Es hörte sich an, als ob jemand . . .

»Hör bloß auf, mit Erde zu schmeißen! Ich habe dir überhaupt nichts getan«, schimpfte Nele erboßt.

»Entschuldigung«, kam eine Stimme aus der Erde. »Aber wie du sicherlich weißt, sehen wir Maulwürfe nicht besonders gut. Ich heiße Max und wohne hier unten in der Erde. Und wer bist du, wenn ich fragen darf?«

»Ich bin Nele, die kleine Schnecke«, antwortete Nele kleinlaut. »Es tut mir leid, dass ich so unhöflich war!«

»Macht nix.«, sagte Max fröhlich. »Dann erzähl mir doch mal, wer dir die Laune so gründlich verdorben hat!« – Nele erzählte Max alles über den Streit mit ihrem Bruder Floris und dass sie sehr wütend auf ihn war. Nie würde sie ihm verzeihen!

»Schade«, sagte Max, »wenn du dich durchringen könntest, dich bei Floris zu entschuldigen, weil du ihn ›blöde‹ genannt hast, könntest du ihn bitten, dir zu helfen, ein neues Blätterhäuschen zu bauen. Einen Streit kann man mit einer Entschuldigung immer aus dem Weg räumen. Wer nun genau Recht hat, ist meistens gar nicht so wichtig. Viel wichtiger ist, dass man immer wieder aufeinander zugeht. Was meinst du, Nele?«

»Das geht auf gar keinen Fall, Max. Ich habe doch gar nicht angefangen! Allerdings ist Floris der beste Blätterhäuschenbauer, den ich kenne, und wir hätten bestimmt viel Spaß zusammen«, musste Nele zugeben.

»Du kannst es dir ja noch einmal überlegen, ich muss jetzt weiter. Mach's gut, kleine Schnecke! Bis zum nächsten Mal«, sagte Max und war auch schon in der Erde verschwunden.

Nele saß noch ein Weilchen auf ihrem Stein und ließ sich die Angelegenheit durch den Kopf gehen. Vielleicht hatte Max ja Recht - aber Floris war trotzdem gemein! Nele ging langsam, wie es sich für Schnecken gehört, nach Hause. Vor der Mulde traf sie Floris.

»Hallo Nele, ich wollte mich entschuldigen«, wisperte Floris so leise, dass man es kaum verstehen konnte.

»Ich auch«, antwortete Nele. »Könntest du mir vielleicht helfen, ein neues Blätterhäuschen zu bauen?«

»Mal überlegen«, erwiderte Floris, »ich glaube, ich habe eine tolle Stelle gesehen, wo wir das beste Blätterhäuschen bauen können, das Schnecken je errichtet haben. Komm mit!« So verschwanden Floris und Nele laut schwatzend im Wald und hatten noch viel Spaß zusammen an diesem Nachmittag.

Basteleinheit:

Knete herstellen und die Kinder damit zur Geschichte etwas kneten lassen.

Rezept: 400 g Mehl, 200 g Salz und 30 g Alaun (aus der Apotheke) vermischen.

500 ml Wasser mit 3 Esslöffeln Öl aufkochen, eine Tube Lebensmittelfarbe (zum Beispiel von Schwartau) dazugeben. Alles zusammenkneten - fertig!

Luftdicht verpackt hält die Knete ein bis zwei Jahre oder länger.

Abschluss

Freies Spielen, Kaffeetrinken, Aufräumen
Abschlusslied

► Thema: **Schöpfung**
▷ Text: »Nele will Gott helfen«
▷ Zielgedanke: Gott hat die Welt erschaffen – wir können ihm helfen, sie zu erhalten

Einstieg

Begrüßungslied:

»Er hält die ganze Welt in der Hand« (»Unser Kinderliederbuch«, Nr. 251)

Man kann auch die Namen von Kindern und Müttern einsetzen oder alles, was man sonst möchte, zum Beispiel: »Gott hält Sabine und Irene in seiner Hand« oder »Gott hält die Tiere und die Pflanzen in seiner Hand«.

Reim:

Guckt ein Mäuschen aus dem Häuschen
(Zunge aus dem Mund strecken),
guckt nach links
(Zunge nach links bewegen),
guckt nach rechts
(Zunge nach rechts bewegen),
guckt einmal rundherum
(mit der Zunge einen Kreis beschreiben).
Kommt die Katze angeschlichen, will das Mäuschen gern erwischen.
Läuft das Mäuschen in sein Häuschen
(Zunge mit einem Geräusch schnell im Mund verschwinden lassen),
da zittert es ganz doll
(Zunge mit einem Geräusch schnell hin und her bewegen)
und macht sich das Höschen voll

(mit den Lippen Furzgeräusche machen – kommt bei den Kindern besonders gut an!).
Geht die Katze dann nach Haus, streckt die Maus die Zunge raus
(alle Kinder rufen ganz laut: Bäh!).

(abgeguckt bei »Kirche unterwegs«)

Mitmachlieder:

»Aram Sam, Sam«

Refrain:
Aram Sam, Sam, Aram Sam, Sam
(bei »Aram« in die Hände klatschen und bei »Sam« auf die Oberschenkel klopfen)
Gulli (4 x wiederholen, dabei die Hände umeinander drehen)
Ram, Sam, Sam (3 x auf die Oberschenkel klopfen)
alles 1 x wiederholen

1. Arafi, Arafi (Arme hochheben und nach vorne beugen)
   Gulli (4 x), Ram, Sam, Sam (Strophe wiederholen)

Refrain

2. Spaghetti, Spaghetti (mit den Fingern laaaange Spaghetti aus dem Mund ziehen), sonst wie oben

Refrain

3. Bambini, Bambini (ein unsichtbares Kind in den Armen schaukeln)

(mündlich überliefert)

»Ein kleines, graues Eselchen«

(mündlich überliefert)

Zum Thema der heutigen Geschichte passen die Lieder »Erd und Himmel, Land und Meer« (»Unser Kinderliederbuch, Oncken Verlag, Wuppertal und Kassel, Nr. 246) und »Ja, Gott hat alle Kinder lieb« (Nr. 198).

Erarbeitung

Geschichte vorlesen: »Nele will Gott helfen«

Eines Tages machte Nele sich frühmorgens auf den Weg, um ihre große Freundin, die Eule Elvira, zu besuchen. Sie musste früh loskriechen, denn ihr wisst ja, dass Schnecken nicht allzu schnell sind. Nele hatte viele Fragen in ihrem Kopf und Elvira war sehr klug. Langsam schlenderte sie zum großen Baum, auf dem Elvira wohnte, und bewunderte die Dinge, die sie unterwegs sah.

Da waren zum Beispiel die vielen bunten Frühlingsblumen wie Tulpen und Osterglocken. Wer hatte die nur alle hier hingestellt? Ob das wohl die Menschen waren, die in diesem Garten wohnten? Nele hatte oft beobachtet, wie sie im Garten werkelten. Oder wer tat das Wasser in den kleinen Bach, der so lustig vorbeisprudelte? Warum konnten die vielen Vögel, die im Wald und auch im Garten wohnten, so herrlich singen, während Nele kaum zwei klingende Töne hintereinander herausbringen konnte? (Wer hatte auch schon jemals von einer singenden Schnecke gehört?) Aber das Merkwürdigste war doch: Wer hatte ihr das schöne Schneckenhaus auf den Rücken gesetzt und gewusst, dass sie es auch tragen konnte? Ob Elvira, die kluge Eule, ihr wohl etwas darüber sagen konnte?

Nele war am großen Baum angekommen und machte sich an den mühsamen Aufstieg. »Hallo, Elvira! Nele, die kleine Schnecke, kommt dich besuchen!«, rief sie. Da sah sie auch schon die große, graue Eule auf einem Ast sitzen. Elvira flog immer auf einen tieferen Ast, wenn Nele zu Besuch kam. Sonst würde es vielleicht den ganzen Tag dauern, bis Nele oben angekommen war.

»Hallo, Nele! Ich freue mich über deinen Besuch. Bestimmt hast du mir als Geschenk ein paar Fragen mitgebracht«, sagte die Eule mit ihrer tiefen Stimme.

»Elvira, wer stellt die Blumen in den Garten und füllt Wasser in den Bach? Wer hat das Schneckenhaus auf meinen Rücken gesetzt? Weißt du das, Elvira?«, plapperte Nele aufgeregt.

»Das sind in der Tat wichtige Fragen«, antwortete die Eule bedächtig. »Ich werde dir erzählen, was ich erlebt habe, als ich noch eine ganz junge Eule war. Ich wohnte mit meinen Eulen-Eltern auf einem großen Ahornbaum, der ganz in der Nähe von einem merkwürdigen Haus stand. Dort gingen den ganzen Tag viele Menschen ein und aus. Die meisten kamen sonntags; aber auch sonst war immer viel Betrieb dort.

Am liebsten hatte ich die Kinder. Die kamen in dem Haus zusammen, um zu spielen, zu singen, zu basteln und Geschichten zu hören. Deshalb flog ich auf einen Ast ganz in der Nähe des Fensters und hörte mir die spannenden Geschichten an.

Zum Beispiel die Geschichte, wie Gott in sechs Tagen die Welt gemacht hat. Jeden Tag hat er etwas anderes entstehen lassen. Am ersten Tag hat er das Licht von der Dunkelheit getrennt; seitdem gibt es Tag und Nacht. Dann hat er den Himmel gemacht, Sonne, Mond und Sterne. Danach das Wasser und das Land, alle Pflanzen, Bäume und Blumen. Es folgten das Wasser und die Tiere, die darin leben. Am sechsten Tag warst du an der Reihe. Gott schuf alle Tiere, die auf dem Land leben, und die Menschen«, beendete Elvira ihre Geschichte.

»Das ist ja eine tolle Sache! Die ganze Erde in sechs Tagen – war Gott dann nicht müde?«, fragte Nele.

»Am siebten Tag hat Gott sich ausgeruht. Das machen die Menschen heute noch«, entgegnete Elvira.

»Dann hat Gott aber viel Phantasie, sich so viele verschiedene Dinge auszudenken«, überlegte Nele, »und er muss auch ziemlich mächtig sein, wenn er so etwas Tolles wie unsere Erde machen kann.«

»Ja, das stimmt, kleine Nele«, schmunzelte die Eule. »Er kümmert sich auch jeden Tag darum, dass alles wächst und funktioniert.«

»Da bin ich aber froh, dass sich Gott um alles kümmert. Vielleicht kann ich ihm sogar ein bisschen dabei helfen!«

Auf dem Nachhauseweg grübelte Nele noch lange darüber nach, wie sie Gott wohl helfen könnte, damit die Welt so schön blieb, wie sie war.

Basteleinheit: Collage

Material: blaues DIN-A-4-Papier, Kataloge und Zeitschriften, Kleber, Scheren.

Die Kinder dürfen alles ausschneiden, was mit der Natur zu tun hat, und es auf das blaue Blatt kleben.

Abschluss

Freies Spiel, Kaffeetrinken, Aufräumen
Abschlusslied

▶ Thema: **Noahs Arche**
▷ Text: Nele und das große Schiff
▷ Zielgedanke: Gott hält sein Versprechen

Einstieg

Begrüßungslied

»Die Eisenbahn«

Reime

»Hammer, Hammer, klopf, klopf, klopf«, »Guckt ein Mäuschen aus dem Häuschen«, oder: »Was machen wir so gerne hier im Kreis«:

»Was machen wir so gerne hier im Kreis?« (wiederholen)
»Klatschen, klatschen, klatschen immerzu!« (wiederholen)
Als nächste Worte einsetzen: stampfen; blinzeln; hüpfen usw.

Mitmachlieder zum Thema:
»Auf der Regenbogenstraße hüpfen wir bei jeden Schritt« (»Unser Kinderliederbuch«, Nr. 288), »Ein bunter Regenbogen« (Nr. 241).

Fingerspiel: »Zehn kleine Zappelmänner«

Erarbeitung

Geschichte vorlesen: »Nele und das große Schiff«

Ein regnerischer Tag hatte begonnen und Nele hatte keine Lust, mit Solo, ihrer Schneckenfreundin, zu spielen. Sie musste immer an die spannenden Geschichten denken, die ihre Freundin, die Eule Elvira, erzählen konnte. Also beschloss sie Elvira zu besuchen.

Sie machte sich auf den Weg und überlegte, was wohl passierte, wenn der Regen nicht aufhören würde. Ob ihr dann wohl Flossen wachsen würden wie den Fischen? Eine Schnecke mit Flossen, das war wirklich eine lustige Vorstellung!

Endlich war sie beim großen Baum angelangt. Wie immer rief sie: »Hallo, Elvira, ich komme!«, damit die Eule Bescheid wusste und auf einen niedrigeren Ast fliegen konnte. Sonst würde es sicher den ganzen Tag dauern, bis Nele oben im Baum angekommen war; so trafen sie sich in der Mitte.

»Hallo, Nele! Schön, dass du kommst«, begrüßte sie die Eule. »Bestimmt hast du mir wieder etwas mitgebracht, oder?«

»Fragen kann ich dir immer mitbringen; ich habe den ganzen Kopf voll davon«, plapperte Nele drauflos. »Du weißt doch, was Nele auf Schneckisch heißt?«

»Ja, ja«, lachte die Eule. »Nele heißt ›neugierig‹ und du machst deinem Namen alle Ehre!«

»Elvira, dann erzähl mir doch mal, ob der Regen immer wieder aufhört oder ob hier im Wald bald ein See entsteht vom vielen Regen?«

»Da hast du aber Glück, kleine Nele«, sagte die Eule geheimnisvoll. »Ich habe in dem sonderbaren Haus, neben dem ich als Kind gewohnt habe, sogar eine Geschichte über den Regen gehört.«

»Los, erzähl' schon«, drängte Nele, »ich möchte alles wissen!«

»Als die Welt noch jung war«, begann die Eule, »da fingen die Menschen an, Gott zu vergessen und Dinge zu tun, die Gott ganz und gar nicht gefielen. Bald gab es nur noch einen Menschen, der auf Gott hörte, und der hieß Noah. Gott sagte zu Noah, er solle ein großes Schiff bauen, obwohl es gar kein Wasser in der Nähe gab. Noahs Freunde und Nachbarn fanden das sehr komisch und lachten über ihn. Aber Noah baute das Schiff, weil Gott es ihm gesagt hatte. Das große Schiff bekam den Namen ›Arche‹ und Gott sagte zu Noah, er solle von allen Tieren auf der Welt ein Paar in die Arche bringen. Auch das tat Noah.«

»Hat Noah denn auch an die Schnecken gedacht?«, fragte Nele.

»Sicher, den Schnecken hat er wohl zuerst Bescheid gesagt«, schmunzelte Elvira. »Sonst wären die bei ihrem Tempo bestimmt zu spät gekommen und du wärst jetzt nicht hier.«

»Wieso das denn?«, fragte Nele empört.

»Hör weiter zu, Nele, dann wirst du es gleich wissen! Als alle Tiere und Noah mit seiner Familie in der Arche waren, schloss Gott selbst die Tür hinter ihnen zu. Kurz danach fing es an zu regnen. Es hörte nicht mehr auf zu regnen, bis die ganze Erde im Wasser versunken war.«

»Das ist ja furchtbar«, flüsterte Nele. »Aber zum Glück hatte Noah ja das Schiff gebaut und da hat ihn der ganze Regen wohl nicht gestört, oder?«

»Noah und die Tiere saßen im Trockenen und schwammen auf den Wellen«, erzählte Elvira weiter. »Nach langer Zeit hörte der Regen auf und das Land kam wieder zum Vorschein. Die Arche landete auf einem hohen Berg und alle Menschen und Tiere konnten wieder aussteigen. Noah dankte Gott, und Gott ließ einen wunderschönen Regenbogen am Himmel erscheinen und versprach so den Menschen, dass die Erde nie wieder im Wasser versinken sollte.«

»Das war aber eine spannende Geschichte«, wisperte Nele atemlos. »Und der Regenbogen sagt uns, dass der Regen immer wieder aufhört?«

»Ja, denn Gott hält sein Versprechen«, antwortete die kluge Eule.

Nele kletterte vorsichtig den glitschigen Baumstamm hinunter und hielt auf dem ganzen Rückweg Ausschau nach einem glitzernden Regenbogen.

Basteleinheit: Papierschiffchen mit Kekstieren an Bord

Material: DIN-A-4-Papier, Stifte, Butterkeks-Tiere (Bahlsen-Zoo)

Die Kinder bemalen das Papier von beiden Seiten. Danach falten sie unter Anleitung der Mütter ein Schiff und bringen die Tiere an Bord. (Es müssen genügend Tiere vorhanden sein, da viele Tiere nur kurz an Bord sind!)

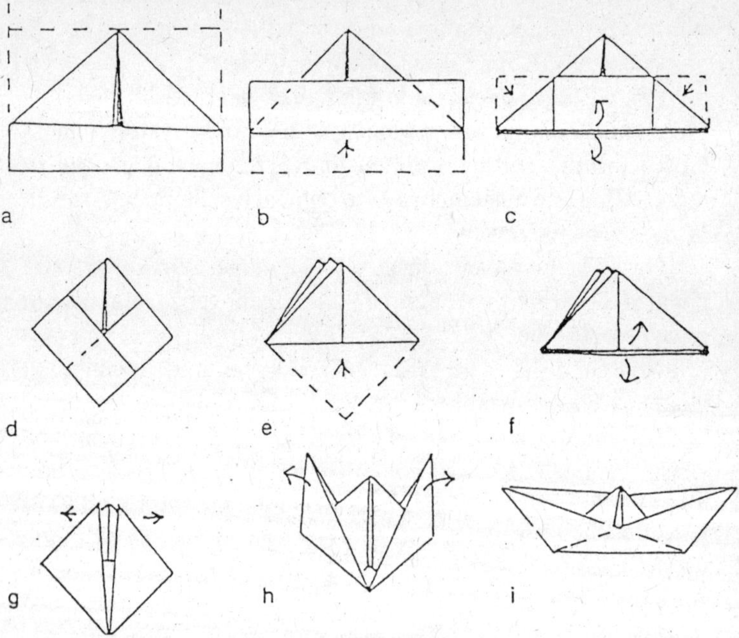

Abschluss

Freies Spiel, Kaffeetrinken, Aufräumen
Abschlusslied

► Thema: **Jesus segnet die Kinder**
▷ Text: »Nele träumt von Jesus«
▷ Zielgedanke: Jesus liebt alle Kinder

Einstieg

Begrüßungslied

Reime:

»Bim, Bam, Bommel« oder »Wasch-Spiel«:

Kinder werden geduscht
(mit den Fingern auf dem Körper des Kindes Tropfen nachmachen),
Waschlotion in die Hand geben und Kinder einseifen
(mit den Händen Waschbewegungen ausführen),
wieder abduschen
(Tropfen nachahmen),
Haare waschen
(mit den Händen durch die Haare gehen),
abduschen
(Tropfen plätschern lassen),
abtrocknen
(mit den flachen Händen sanft drücken),
mit Lotion einreiben
(Einreibebewegungen),
Haare trocken fönen
(mit dem Mund Föngeräusche machen und pusten).

Mitmachlieder:

»Ach, wie bin ich müde«, »Auf der Regenbogenstraße«, »Was machen wir so gerne hier im Kreis«

Fingerspiel-Lied:

»Eine Schnecke« (nach der Melodie »Bruder Jakob«)

Eine Schnecke, eine Schnecke schleicht herauf, schleicht herauf.
Schleicht dann wieder runter, schleicht dann wieder runter,
kitzelt auf dem Bauch, kitzelt auf dem Bauch.

(mündlich überliefert)

Lied zum Thema: »Ja, Gott hat alle Kinder lieb«
(»Unser Kinderliederbuch«, Nr. 198)

Erarbeitung

Geschichte vorlesen: »Nele träumt von Jesus«

Nele hatte sich in ihr Schneckenhaus zurückgezogen. Sie lag geschützt unter den Blättern verborgen, wo die Schneckenfamilie wohnte. Warum konnte sie nur nicht einschlafen? Lag es am Rauschen des Nachtwindes? Oder schien der Mond so hell? Nele lag einfach da und dachte nach.

Heute war sie bei Elvira, der Eule, zu Besuch gewesen. Sie hatte Nele eine Geschichte von einem sonderbaren Menschen erzählt. Dieser Mann hieß Jesus und war der Sohn von Gott. Von Gott hatte Elvira ihr schon öfter erzählt. Gott hat alles auf der Erde gemacht; aber dass er einen Sohn hat, der ein Mensch war, das fand Nele schon merkwürdig. Menschen waren eigentlich immer ein bisschen merkwürdig, fand Nele.

Auf einmal wurde es in Neles Vorstellung hell und auch ziemlich heiß. Das passte gar nicht zur Jahreszeit, denn es war doch erst Frühling. Die Osterglocken hatten gerade erst ihre Köpfe aus der Erde gesteckt. Aber jetzt wurde ihr heiß; sehr heiß!

Was war das? Diese lange staubige Straße kannte Nele ja noch gar nicht! Nele sah sich um. Auf der Straße standen Menschen.

So viele Menschen hatte Nele noch nie auf einmal gesehen. Mindestens doppelt so viele Menschen wie die ganze Familie Flux, in deren Garten Nele wohnte. Was taten die Menschen hier? Nele schlich sich näher heran. Wenn sie die Ohren spitzte, konnte sie vielleicht etwas verstehen.

Hatte sie richtig gehört? Einer von den Menschen hieß Jesus. Viele Mütter kamen mit ihren Kindern auf Jesus und die Leute, die bei ihm waren, zu. Aber die Männer um Jesus schienen sich darüber gar nicht zu freuen. Sie schauten grimmig und einer der Männer sagte barsch: »Ihr könnt nicht zu Jesus gehen! Er hat keine Zeit für Kinder! Er hat Wichtigeres zu tun!«

Nele war sehr gespannt, wie es weitergehen würde. Der Mann, der Jesus hieß, hatte gehört, was einer seiner Männer zu den Kindern gesagt hatte. Er lächelte die Mütter mit den Kindern an und sagte ganz freundlich: »Schickt die Kinder nicht weg! Lasst sie zu mir kommen!«

Da kamen alle Kinder, Mädchen und Jungen, Große und Kleine. Sie saßen auf seinem Schoß und umringten ihn. Jesus hatte Zeit für die Kinder. Er sprach mit ihnen und segnete sie. Nele konnte sehen, dass er die Kinder lieb hatte.

Als Jesus eine lange Zeit mit den Kindern verbracht hatte, verabschiedete er sich von ihnen und ihren Müttern und ging mit seinen Freunden weiter auf der staubigen Straße.

Nele konnte ihnen nicht folgen, so gerne sie das auch getan hätte, denn Menschen gehen schnell und Schnecken kriechen doch ziemlich langsam. Außerdem war es sehr, sehr heiß.

Plötzlich wurde Nele wach und schlug die Augen auf: Sie lag in ihrem Schneckenhaus und war wohl gar nicht in dem heißen Land und auf der staubigen Straße gewesen! Dann war sie wohl doch eingeschlafen und hatte die ganze Geschichte mit Jesus nur geträumt! Eigentlich schade; aber es war ein schöner Traum gewesen . . .

»Wenn Jesus die Menschenkinder so lieb hatte, was hielt er denn dann eigentlich von Schneckenkindern?«, überlegte Nele. Heute musste sie gleich nach der Schneckenschule einen Besuch bei Elvira machen und sie fragen. Vielleicht kannte Elvira auch noch mehr spannende Geschichten von Jesus!

Aber erst kuschelte sich Nele noch ein bisschen in die warmen Blätter und wartete, bis der Tag so richtig anfing.

Basteleinheit: Eine Kinder-Kette ausschneiden

Material: DIN-A-4-Papier, Stifte, Scheren

Papier der Länge nach in der Mitte durchschneiden (ca. 30 x 10 cm). Die Kinder malen das Papier bunt an und falten es dann mit Hilfe der Mütter wie eine Ziehharmonika. Den Umriss eines Kindes auf das oberste Deckblatt zeichnen und so ausschneiden, dass Füße und Hände miteinander verbunden bleiben. Nach dem Auffalten entsteht so eine Kette von Kindern.

Abschluss

Freies Spiel, Kaffeetrinken, Aufräumen
Abschlusslied

► Thema: **Familie**
▷ Text: »Nele und ihre Schneckenfamilie«
▷ Zielgedanke: Es ist schön, eine Familie zu haben

Einstieg

Begrüßungslied

Reim

»Guckt ein Mäuschen aus dem Häuschen«, oder:
»Das ist Mama-Maus«

Das ist Mama-Maus, sieht aus wie jede Maus
(Daumen zeigen),
weiches Fellchen
(mit der Hand über den Handrücken der anderen Hand streichen),
große Öhrchen
(an den Ohren große Ohren zeigen),
spitzes Näschen
(an der Nase die Hand nach vorne ziehen oder mit den Händen eine spitze Nase formen)
und einen Schwanz, soooo lang
(mit beiden Händen einen großen Abstand zeigen).
Das ist Papa-Maus
(Zeigefinger zeigen),
Schwester-Maus
(Mittelfinger),
Bruder-Maus
(Ringfinger – jeweils den gesamten vorhergehenden Text aufsagen).
Das ist Baby-Maus, sieht nicht aus wie jede Maus
(kleinen Finger zeigen),

nacktes Fellchen
(Haut am Handrücken leicht hochziehen),
kleine Öhrchen
(kleine Ohren andeuten),
Stupsnäschen
(mit dem Finger auf die Nase tippen)
und einen Schwanz, so kurz
(kleinen Abstand mit den Händen zeigen).

(mündlich überliefert)

Mitmachlieder:

»Wir werden immer größer«

2. Wir werden immer größer, das merkt jedes Schaf.
   Wir werden immer größer, sogar im Schlaf.
   Ganz egal, ob's regnet, donnert oder schneit:
   Wir werden immer größer und auch gescheit.

3. Wir werden immer größer, darin sind wir stur.
Wir werden immer größer in einer Tour.
Auch wenn man uns einsperrt oder uns verdrischt:
wir werden immer größer, da hilft alles nichts!

4. Wir machen was zusammen, noch ist es nicht viel.
Wir machen was zusammen, erst mal ein Spiel.
Lasst es ruhig schiefgehn! Jeder fängt mal an.
Wir machen was zusammen, wir bleiben dran.

5. Wir halten fest zusammen, das ist ganz schön schwer.
Wir halten fest zusammen, jeden Tag mehr.
Hau'n wir uns auch täglich fast die Köpfe ein:
Wir halten fest zusammen – so muss es sein!

von Volker Ludwig © und Birger Heymann ©
aus: »Das Gripsliederbuch«, 1978; Verlag Heinrich Ellermann, München

»1, 2, 3 im Sauseschritt« (Reihenspiel)

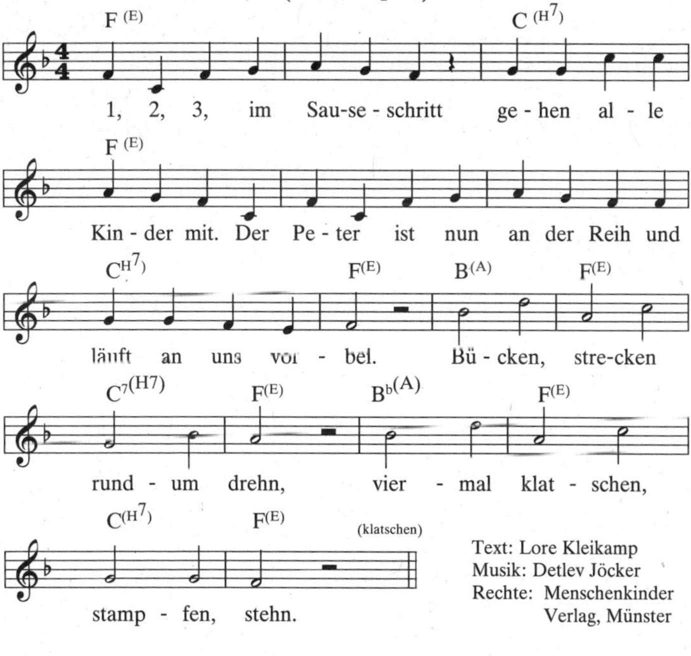

Text: Lore Kleikamp
Musik: Detlev Jöcker
Rechte: Menschenkinder Verlag, Münster

Fingerspiellied: »Zehn kleine Zappelmänner«

Lied zum Thema: »Wir gehören zusammen« (»Unser Kinderliederbuch«, Nr. 298)

Erarbeitung

Geschichte vorlesen: »Nele und ihre Schneckenfamilie«

»Mama, Mama, weißt du, was heute in der Schule passiert ist?« Nele kam in die Schneckenküche gestürzt, zwei andere Schneckenkinder im Schlepptau.

Wisst ihr überhaupt, wie eine Schneckenküche aussieht? Ihr habt noch keine Schneckenküche gesehen? Na, das ist kein Wunder, die ist nämlich ziemlich klein. Sie hat vieles, was auch in eurer Küche zu finden ist: einen Tisch mit Stühlen, einen Küchenschrank für Töpfe und Geschirr, einen Herd. Das sage ich euch nur, damit ihr es euch besser vorstellen könnt.

Aber jetzt wollen wir zuhören, was Nele ihrer Mama unbedingt schnell sagen will: »Mama, heute hat Fridolin einen Purzelbaum in der Klasse geschlagen – und weißt du, was passiert ist?«

»Nein, aber du wirst es mir sicher gleich erzählen«, schmunzelte die Mutter.

»Fridolin ist nicht ganz rumgekommen und ist auf seinem Schneckenhaus liegen geblieben! Das sah so lustig aus, dass die ganze Klasse angefangen hat zu lachen, und die Lehrerin hat uns erklärt, warum Schnecken lieber keine Purzelbäume schlagen sollten. Die ganze Zeit hat Fridolin auf seinem Häuschen gelegen und gezappelt. Erst als die Stunde zu Ende war, hat die Lehrerin Fridolin geholfen, sich umzudrehen.«

Während Nele erzählte, hatten sich die beiden anderen Schneckenkinder an den Tisch gesetzt und schauten nun Neles Mutter groß an. »Was gibt es denn zu essen?«, fragte das eine.

»Hallo, ihr beiden«, sagte Neles Mutter, »sind wir denn zum Mittagessen verabredet?«

»Ach, Mutti, Nina, Betty und ich wollen nachher zusammen spielen und da ist es doch Zeitverschwendung, wenn jede erst nach Hause kriecht – findest du nicht?«

»So, so«, antwortete die Mutter, »dann will ich mal nachsehen, ob ich genügend im Kochtopf habe. Floris und Papa wollen schließlich auch etwas zu essen haben.«

Ein Glück, das Essen reichte für alle. Als sie fertig gegessen hatten, schlichen die Schneckenkinder so schnell sie konnten hinaus in den Sonnenschein. Sie spielten ausgelassen miteinander, bis sie von ihren Müttern gerufen wurden.

Jetzt war es Zeit für die Hausaufgaben. Nele brütete über ihrem Rechenheft. Es war wirklich schwierig, die Aufgaben zu lösen! Wenn doch endlich Floris vom Fußballspielen heimkäme! Der könnte bestimmt helfen! Floris war gut in der Schule und hatte seine Aufgaben immer schnell erledigt. Dann half er Nele oft.

Endlich kam Floris verschwitzt vom Torjagen nach Hause. »Floris, kannst du mir beim Rechnen helfen?«, bat Nele.

»Klar doch, Schwesterlein; aber erst muss ich was trinken!«

Nele konnte es nicht leiden, wenn Floris sie ›Schwesterlein‹ nannte, aber weil er ihr oft half, verzieh sie ihm.

Und tatsächlich: bald waren die Aufgaben mit Floris Hilfe geschafft. Die Sonne ging unter und buntes Licht fiel ins Blätterhaus. Das ist die Zeit, wo die Schnecken es sich gemütlich machen und sich zusammenkuscheln. Dann erzählte der Schneckenpapa spannende Geschichten aus der Zeit, als er noch ein Schneckenkind war.

Auch an diesem Abend dachte Nele darüber nach, wie schön es doch war, eine Familie zu haben. Gott hat sich das wirklich gut ausgedacht, überlegte sie, und schlief ein, um einen schönen Schneckentraum zu träumen.

Basteleinheit: Brötchen backen

Vor der Stunde einen Hefeteig herstellen.

Zutaten: 150 g Butter, 300 ml Milch, 1 Esslöffel Zucker, 1 Teelöffel Salz, 1 Teelöffel Kardamom, 50 g Hefe, 400 g Mehl.

Zubereitung: Milch, Zucker, Salz, Kardamom und Hefe in einer Schüssel vermengen und einen Teil des Mehls darunter kneten. Nach und nach die zerlassene Butter und das restliche Mehl zufügen, bis der Teig glatt geknetet ist. Den Teig zudecken und so lange gehen lassen, bis er sich verdoppelt hat. - Jedes Kind bekommt nun einen Teigklumpen, den es kneten kann, und einige Sonnenblumenkerne zum Hineinkneten. Die Brötchen (die angegebene Menge ergibt ca. 24 Stück) eventuell noch mit Sahne bestreichen und bei 225^0 C knapp 20 Minuten backen.

Abschluss

Freies Spiel, Kaffeetrinken, Aufräumen
Abschlusslied

»Das Clübchen«

Grundsätzliches zur Situation der Gruppe

1. Freigegeben ab 0 Jahre

Vor acht Jahren haben wir Eltern-Kind-Arbeit in einer Gemeinde der Berliner Stadtmission mit fast gleichaltrigen Säuglingen begonnen. Mittlerweile hat unser Eltern-Kind-Kreis die Altersspanne von 0 bis 2,5 Jahren. Dreijährige Kinder sind seltener dabei, weil viele Kinder schon unter drei Jahren in einen Kindergarten gebracht werden. Da wir unser Angebot offen konzipieren, das heißt, ohne Anmeldung und zahlenmäßige Begrenzung arbeiten, ergibt sich dieser relativ große Altersabstand. Die Erfahrung hat jedoch gezeigt, dass immer ein Kern gleichaltriger Kinder da ist. Fingerspiele, Lieder und Tänze sind daher ein Schwerpunkt bei den Angeboten für die Kinder; Bastelarbeiten spielen in diesem Alter eine untergeordnete Rolle.

2. Herzlich willkommen!

Wir sind ein offener Kreis und freuen uns über jeden, der kommt. Viele Mütter sind über den Aushang im Schaukasten und Mund-zu-Mund-Propaganda gekommen. Zweimal haben wir uns in den acht Jahren geteilt, weil der Kreis zu groß wurde. Trotz des offenen Angebots achten wir darauf, dass sich die Eltern nach mehrmaligem Schnuppern verbindlich anmelden. Das bedeutet, dass sie einen Monatsbeitrag bezahlen (zur Zeit DM 7,–), sich in eine Liste eintragen und sich möglichst entschuldigen, wenn sie verhindert sind. Gerade wenn ein Kreis offen konzipiert ist, sollte ein Kommen und Gehen nach Lust und Laune vermieden werden.

3. Wir haben einen Namen

Wir finden, dass es gut ist, einem Kreis einen Namen zu geben. Ein Name hat etwas Verbindendes. Wir kamen auf Zipfelmütze, Zwergentreff, Buntstifte, Murkels . . . Clübchen!

4. Wir haben eine feste Struktur

Wir treffen uns einmal in der Woche von 10 Uhr bis 12 Uhr. Der folgende zeitliche Ablauf hat sich bewährt:

10.15 Uhr bis 10.30 Uhr:
Eltern und Kinder sitzen auf Decken. Eine der beiden Mitarbeiterinnen begrüßt noch einmal Groß und Klein, nachdem beim Eintreffen jeder schon persönlich begrüßt wurde. Es ist uns sehr wichtig, jedem Elternteil und jedem Kind zu zeigen, dass wir uns über sein Kommen freuen. Dann singen wir unser Begrüßungslied und fassen dabei alle das große runde Glöckchenseil an (ein ca. 5 m langes Seil, Durchmesser ca. 2 cm, das wir zusammengebunden und an dem wir zwanzig Glöckchen befestigt haben).

Nach der Melodie »Alle meine Entchen« singen wir »Heut sind wir hier zusammen und freuen uns so sehr« (2 x).
»Wir singen, spielen, tanzen und können noch viel mehr.«
(Weitere Strophen können erfunden werden!)

Ist jemand neu in der Runde, wird er mit seinem Kind besonders begrüßt und persönlich vorgestellt. Es schließt sich eine Vorstellungsrunde an; eventuell verbunden mit einem kleinen Kennenlern-Spiel (siehe z.B. bei »Ich habe einen Namen«). Neuen Teilnehmern wird der zeitliche Ablauf des Vormittags vorgestellt. Danach hat der Missio-Spot seinen Platz.

Wenn in der zurückliegenden Woche ein Kind Geburtstag hatte, wird ihm ein Ständchen gebracht.

10.30 bis 10.50 Uhr:
Nun folgt ein abwechslungsreiches Lieder- und Fingerspiele-Programm. Es ist für Eltern und Kinder wichtig, öfters die glei-

chen Lieder und Fingerspiele zu wiederholen, auch wenn es uns Mitarbeiterinnen eher reizt, Neues einzuführen.

Ein Vormittag kann ein Thema haben. Mit etwas Geschick können die gleichen Elemente unter wechselndem Vorzeichen verwendet werden. Zum Beispiel passt das Bewegungslied »Die Maus hat rote Strümpfe an« (siehe »Kleider machen Leute«) auch bei einem Verkleidungsfest, einem »Kunterbunten Turnhalbstündchen«, einem Vormittag zum Thema »Autos, Fahrrad, Flugzeug« oder »Tiere«.

10.50 bis 11.15 Uhr:
Die Obst- und Kaffeepause gibt Raum für den lockeren Plausch. Im Wechsel bringt ein Elternteil Obst für die Kinder mit. Diese Zeit ist für den Austausch untereinander wichtig – und für Informationen und Einladungen aus der Gemeinde. Wir achten darauf, dass Neue integriert werden.

11.15 bis 11.45 Uhr:
Der dritte Block hat im Gegensatz zum ersten Block etwas mehr »action«: ein »Turnhalbstündchen«, Tanzlieder, Luftballonspiele, Verkleiden oder Ähnliches.

11.45 Uhr:
Zum Abschluss des Vormittags setzen wir uns noch einmal auf die Decken und kommen zur Ruhe (soweit das geht). Wir singen das Kinder-Segenslied »Gott, dein guter Segen« (»Unser Kinderliederbuch«, Nr. 317) und das Verabschiedungslied »Alle Leut, alle Leut«.

Auch wenn es in einem Kleinkindertreff manchmal drunter und drüber geht und vor allem die Spontaneität und Flexibilität der Mitarbeiterinnen gefordert ist, ist es uns um so wichtiger, auf einen klaren Beginn und Abschluss des Vormittags zu achten.

Die Aufräumarbeiten geschehen gemeinsam. Die Teilnehmerinnen sollen wissen, dass wir kein Dienstleistungsunternehmen sind, sondern uns als Mitarbeiterinnen ehrenamtlich engagieren und die Mithilfe aller brauchen.

Und wie kann es weitergehen? – Einige Randnotizen nach acht Jahren »Auf-der-Decke-Hocken«

Man sieht es mir nicht unbedingt an der Fuß- oder Nasenspitze an, dass ich Pastorin bin. Aber die junge Frau, mit der ich von Einkaufstüte zu Einkaufstüte ins Gespräch kam, hatte es herausgefunden, und schon schritt sie zur Selbstverteidigung: »Seit ich mit Daniel nicht mehr im Mutter-Kind-Kreis bin, gibt's für mich gar keinen Anlass mehr, zur Kirche zu gehen. Dabei war es immer so schön!« Ich betrachte den Vierjährigen und spüre bei seiner Mutter mehr als die übliche Rechtfertigung (»Warum ich nicht jede Woche in die Kirche renne«), zu der Menschen neigen, wenn ein leibhaftiger Theologe auftaucht. Ich frage noch ein wenig nach. Es scheint zu stimmen: Die Gemeinde, die sie mit ihrem Kleinkind Daniel besucht hat, hat ihr kein Angebot für ihr persönliches Leben gemacht. Sie war angesprochen als Mutter eines Kleinkindes. »Zehn kleine Zappelmänner« und »Ringel-Ringel-Reihe«, vielleicht sogar Gespräche über die Taufe. Aber dass der Glaube, dass Gott Bedeutung für ihr Leben hat, hat ihr wohl keiner gesagt. Schade . . .

Wieviel tausend Frauen machen in ihrem Leben ähnliche Erfahrungen? Sie besuchen mit ihrem Kind/ihren Kindern wöchentlich eine Krabbelgruppe oder einen Kleinkind-Treff und verschwinden nach dieser Zeit wieder von der »Gemeinde-Bildfläche«.

Die Lebenssituation junger Eltern eröffnet viele Möglichkeiten für die missionarische Gemeindearbeit: Junge Eltern erfahren sich in einer stark veränderten Existenz. Sie haben Verantwortung für einen heranwachsenden Menschen, fühlen Freude, aber auch Überforderung und machen viele Grenzerfahrungen, zum Beispiel durch Probleme in der Partnerschaft, körperliche Erschöpfung, Veränderung der Lebensbezüge, wenn alte Freundschaften sich auflösen. Das sind die Herausforderungen und Chancen einer Eltern-Kind-Arbeit in der Gemeinde. Selten sind Menschen so offen für eine Neu-Orientierung, was soziale Kontakte und existenzielle Lebensfragen betrifft.

Als wir vor acht Jahren in unserer Gemeinde die Eltern-Kind-Arbeit begannen, überlegten wir, wie dieser Arbeitszweig der Gemeinde in den Gemeindebaum eingepfropft werden kann und wie Eltern die Gelegenheit bekommen, persönliche Glaubenserfahrungen zu machen. Unser Ziel war es, für Eltern auch nach der Kleinkinder-Zeit ihres Kindes einen Platz in der Gemeinde zu schaffen.

Mit den folgenden Angeboten für Eltern haben wir gute Erfahrungen gemacht:

a) Geistliche Kinderlieder mit prägnanten geistlichen Aussagen kommen in jeder Gruppenstunde unseres »Clübchens« vor und zeigen deutlich, was wir wollen. Geistliche Kinderlieder sind für Kinder gut, wenn ihre Aussage auch noch für Erwachsene wahr ist; das ist unser Kriterium.

b) Der Missio-Spot ist eine Mini-Andacht in der ersten Phase. Da die Kinder schnell unruhig werden, ist der Missio-Spot oft nicht mehr als ein fünfminütiger Gedankenimpuls; aber es können sich auch längere Gespräche ergeben. Die Flexibilität der Mitarbeiterinnen ist dabei sehr wichtig. Es gibt auch Zusammenkünfte, an denen er ganz ausfällt, weil drei Kleinkinder gleichzeitig unruhig sind und bleiben. An anderen Tagen kommt vielleicht eine Mutter mit dem Satz zu Tür herein: »Heute Nacht hätte ich mein Kind erwürgen können . . .« – ein Anknüpfungspunkt, um über unser Leben und Erleben als Eltern zu reden.

c) Das wöchentliche Bibelfrühstück hat als Zielgruppe junge Frauen mit kleinen Kindern, die vielleicht zum ersten Mal in ihrem Leben in die Bibel hineinschnuppern möchten. Ein gemütliches, ausgiebiges Frühstück (jeder bringt etwas mit), Singen, Lesen eines Bibeltextes und ein sehr offenes, lockeres Gespräch sind die Bestandteile dieses Treffens. Wir haben es zeitgleich mit der Eltern-Kind-Arbeit begonnen und die Erfahrung gemacht, dass sich viele Frauen aus diesen Kreisen zum Bibelfrühstück, das natürlich an einem anderen Wochentag stattfindet, einladen lassen. Die Kinder werden während dieser Zeit mangels Mitarbeiter nicht betreut, sondern wuseln um uns herum und beschäftigen sich miteinander oder mit dem vorhandenen Spielzeug. Unglaublich, aber wahr: Es finden oft konzentrierte Gespräche in bester Atmosphäre statt!

d) Alle sechs Wochen laden wir zu besonderen Gottesdiensten ein. Zielgruppe dieser Gottesdienste, die zu unserer normalen Gottesdienstzeit am Sonntag um 10.30 Uhr stattfinden, sind junge Familien, die dem Glauben abwartend, neugierig oder skeptisch gegenüberstehen. In diesen Gottesdiensten (mit modernen geistlichen Liedern, Aktionen für Kinder, kleinen Theaterszenen, Kurzansprache) kommen Kinder vor und sind keine Störung. Besonders im Blick sind jedoch die Erwachsenen, deren Interesse für den Glauben geweckt werden soll. Ein gemeinsames Mittagessen (jeder kann dazu etwas mitbringen) mit Zeit zum Unterhalten schließt diesen Vormittag ab.

e) Etwa im gleichen Abstand laden wir zu den »Offenen Frauenabenden« ein. Alle jungen Frauen aus den mittlerweile verschiedenen Eltern-Kind-Kreisen, vom Bibelfrühstück und anderen Gesprächskreisen sind eingeladen. Auch an diesen Abenden wird gut gegessen (sehr gemeinschaftsfördernd!) und ein Thema behandelt.

f) Die jährliche Frauenfreizeit ist einer der Höhepunkte im Gemeindejahr. Auch der Kirche relativ fern stehende Frauen aus den Eltern-Kind-Kreisen lassen sich zu diesen Wochenenden einladen, in denen intensiv Gemeinschaft, Gespräch, geistiger und geistlicher Austausch geschieht. Allein erziehende Mütter bringen ihre Kinder mit, Stillkinder sind natürlich auch dabei; alle anderen Frauen ermutigen wir zu einer »kinderlosen Zeit«.

Claudia Filker

► Thema: **»Ich habe einen Namen« oder: »Ich bin der Julius«**

▷ Zielgedanke: Namen sind mehr als Schall und Rauch.

Einstieg für die Eltern/Missio-Spot

Frage: »Wie gefällt euch euer Vorname?«, oder: »Was für ein Verhältnis habt ihr eigentlich zu eurem Vornamen?« – Die Antworten werden sich zwischen den Extremen »Ich fand meinen Namen nicht besonders schön, weil alle so hießen/weil er so exotisch war/so altmodisch/ich nach einer alten Tante benannt wurde« bis »ich fand meinen Namen eigentlich immer schön«. (Je nach Alter der Kinder können diese einbezogen werden: »Wie heißt denn eure Mama, euer Papa?«)

Frage: »Warum habt ihr euch für den Namen eurer Kinder entschieden?« – Mögliche Antworten: »Ich habe ihn in der Literatur entdeckt«; »mir hat er immer schon gut gefallen, der Klang ist so schön«; »ich finde die Bedeutung des Namens gut«.

Frage: »Wer weiß, was der Name seines Kindes bedeutet?« (evtl. Namenslexikon zum Nachschlagen mitnehmen)

Gott sagt: »Ich habe dich bei deinem Namen gerufen. Du gehörst zu mir.«

Kinderprogramm

1. »Halstuch-Lied«:
Alle Eltern haben ein großes buntes Halstuch. Nacheinander werden alle Kinder »besungen« und dabei jeweils unter dem Halstuch versteckt.

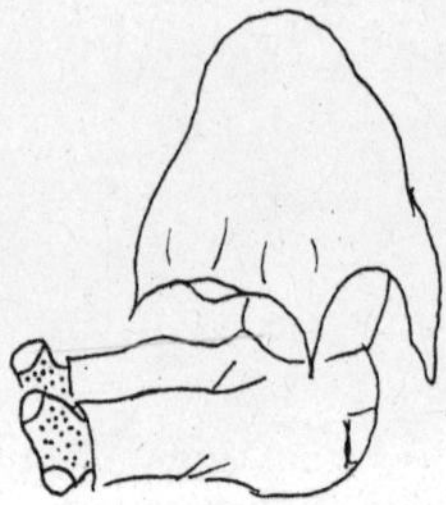

Mein Julius ist verschwunden
(das Halstuch wird über das Kind gelegt),
ich habe keinen Julius mehr.
Ach, da ist der Julius wieder
(das Halstuch wird weggezogen),
tralalalalalala!

(mündlich überliefert)

2. »Schwungtuch-Lied«:
Vier Betttücher werden aneinandergenäht. Besonders ansprechend ist es, wenn die Betttücher farbig sind oder eingefärbt werden. Dieses selbstangefertigte Schwungtuch lässt sich vielfältig in einem Kleinkindkreis einsetzen; z.B. auch beim Luftballonfest.

Die Eltern stehen mit ihrem Kind auf dem Arm oder an der Hand im Kreis. Während der einzelnen Liedstrophen laufen die Eltern mit ihrem Kind unter die Tuchmitte:

Der Lukas ist verschwunden
(Elternteil läuft mit dem Kind unter das Schwungtuch),
wir haben keinen Lukas mehr
(Schwungtuch wird auf die beiden herabgelassen).
Ach, da ist der Lukas wieder
(Schwungtuch wird hochgenommen),
tralalalalalala!

3. Ein »Namenkennenlern-und-noch-viel-mehr«-Spiel für die Eltern:

Bei offenen Eltern-Kind-Kreisen kommen immer wieder neue Gesichter dazu. Um den Neuen das Gefühl zu geben, willkommen zu sein, sind Kennenlernspiele in verschiedenen Variationen hilfreich. Zumindest sollten sich immer wieder einmal alle Teilnehmer mit ihren Kindern namentlich vorstellen.

Dieses Kennenlernspiel geht so: Die Mitarbeiterin wirft einem Elternteil einen Ball zu, bittet darum, dass es seinen eigenen Namen und den des Kindes nennt und denkt sich eine interessante Frage aus:

- »Welchen Beruf hast du erlernt und würdest du ihn wieder wählen?«
- »Was war beim Elternwerden die schwierigste Herausforderung/Aufgabe?«
- »Du bekommst 10.000 DM geschenkt und musst sie ausgeben . . .«
- »Wie groß ist deine Traumfamilie?«

- »Dein Mann bekommt das Angebot, zwei Jahre in Texas zu arbeiten . . .«
- »Möchtest du die vergangenen zehn Jahre noch einmal erleben?«
- »Lebst du deinen Lebenstraum?«

Dieses Kennenlernspiel, das sich auch für schon länger bestehende Gruppen eignet, kann entweder so gespielt werden, dass eine Frage die Runde macht oder dass die Elternteile sich weitere Fragen ausdenken. Die Mitarbeiterin sollte im Blick haben, dass sich aus den Fragen intensive Gespräche entwickeln können.

4. Kinderaktion: »Wir haben einen Namen« – Herstellung von Raumdekoration

Die Buchstaben des Gruppennamens, in unserem Fall also C-L-Ü-B-C-H-E-N, werden als große, ca. 30 cm hohe Druckbuchstaben aus weißer Tonpappe ausgeschnitten. Die Kinder dürfen mit Fingerfarben oder Wachsmalstiften die einzelnen Buchstaben von beiden Seiten anmalen. Die angemalten Buchstaben werden als Namenskette im Gruppenraum aufgehängt.

► Thema: **»Schau mal, was ich alles kann . . .« – Ein kunterbuntes Turnhalbstündchen**

▷ Zielgedanke: Unser Körper ist ein Geschenk

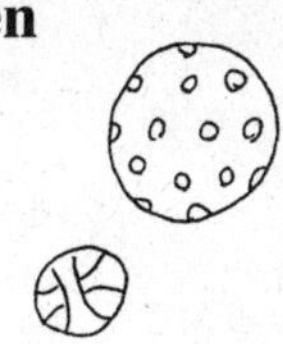

Einstieg für die Eltern/Missio-Spot

Die Mitarbeiterin macht (je nach Kondition) eine kürzere oder längere Springseil-Übung und spricht während des Hüpfens: »Nicht wahr, wer rastet, der rostet! Und wenn ich mir schon nicht mein wöchentliches Fitness-Studio leiste, ein bisschen Sport schadet nicht . . .« (sie beendet das Hüpfen).

Ein kleines Rundgespräch wird initiiert mit folgenden Gedankenanstößen:

- Wie selbstverständlich leben wir in unserem Körper?
- Nehmen wir ihn nur wahr, wenn er nicht mehr so funktioniert, wie wir es gerne hätten?
- Beeinträchtigungen können alles stören: ein Schnitt in den Finger, Kopfschmerzen . . .
- »Hast du schon mal Gott gedankt?« – Eine Überleitung zum nachfolgenden Lied ermuntert, Dankbarkeit für den eigenen Körper zu entdecken, auch Dankbarkeit gegenüber Gott.

Vorbereitung

Der Ablauf des Turnhalbstündchens kann alle vier bis fünf Wochen wiederholt werden. Es lohnt sich daher die Investition einiger einfacher Turngeräte bzw. -utensilien:

- Kriechtunnel (zum Beispiel bei Ikea, ca. DM 40,–, oder selbst hergestellt aus zwei aneinandergeschobenen Tischen, die mit Decken verhüllt werden)

»Hast du schon mal Gott gedankt . . .«

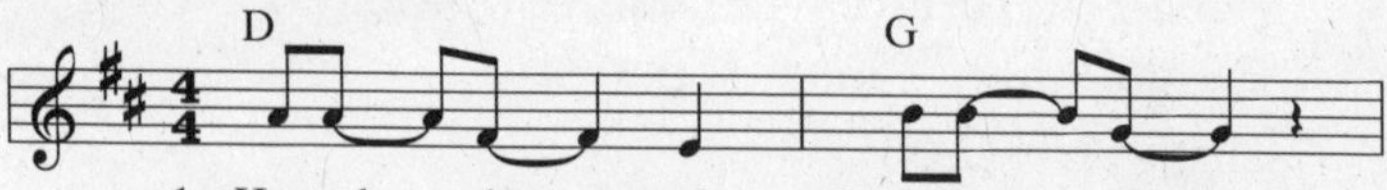

1. Hast du schon mal Gott ge - dankt,
2. Hast du schon mal Gott ge - dankt,
3. Hast du schon mal Gott ge - dankt,
4. Hast du schon mal Gott ge - dankt,
5. Hast du schon mal Gott ge - dankt,

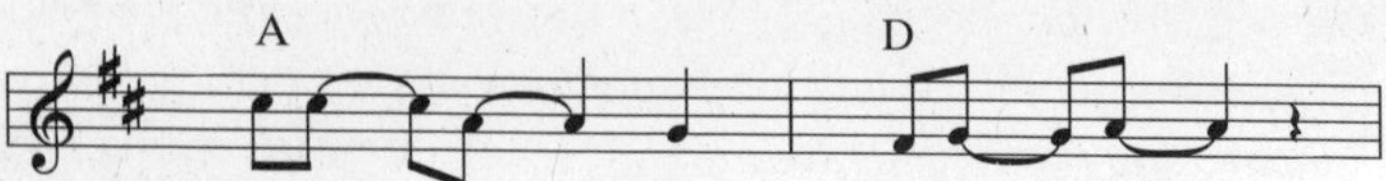

1. dass du so schnell lau - fen kannst?
2. dass du so hoch hüp - fen kannst?
3. dass du so hoch klet - tern kannst?
4. dass du so schön bau - en kannst?
5. dass du so schön bas - teln kannst?

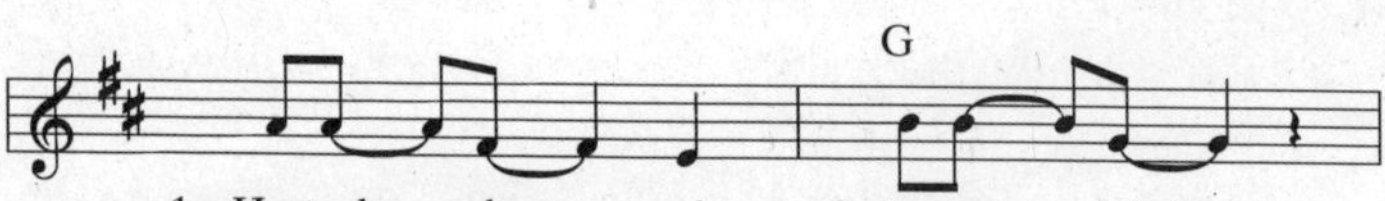

1. Hast du schon mal Gott ge - dankt,
2. Hast du schon mal Gott ge - dankt,
3. Hast du schon mal Gott ge - dankt,
4. Hast du schon mal Gott ge - dankt,
5. Hast du schon mal Gott ge - dankt,

1. dass du so schnell lau - fen kannst?
2. dass du so hoch hüp - fen kannst?
3. dass du so hoch klet - tern kannst?
4. dass du so schön bau - en kannst?
5. dass du so schön bas - teln kannst?

Text und Melodie: Daniel Kallauch

- Leimholzbrett, 200 cm x 30 cm x 6 cm (fertiger Zuschnitt in Baumärkten, ca. DM 60,–)
- Ballnetz mit unterschiedlich großen Bällen
- Plastikrutsche (zum Beispiel von BIG, sehr stabil, ca. DM 130,–)
- Plastik-Doppelwippe (zum Beispiel von BIG, ca. DM 90,–)
- Gymnastikreifen aus Plastik (Hoola-Hoop-Reifen)
- längeres Springseil
- mehrere Turnmatten (Sie sind relativ einfach selbst herzustellen: Benötigt wird Schaumstoff in der Größe 200 cm x 60 cm x 7 cm, um den ein sehr fester Plastikbezug genäht wird. Diese Turnmatten eignen sich auch sehr gut als Sitzgelegenheiten während der Gruppenstunden für die Eltern.)

Darüber hinaus werden benötigt:

- Decken
- Besen
- Haushaltsleiter

Kinderprogramm

Eine Auswahl folgender Turnmöglichkeiten wird im Gruppenraum bereitgehalten/aufgebaut (die Eltern sind für einzelne Übungen verantwortlich):

1. Rutsche

2. Wippe

3. Kriechtunnel

4. Schiffschaukel (Kinder werden eingeladen, ins Schiff einzusteigen: eine große Decke wird – je nach Alter des Kindes – sanft oder in größeren Bewegungen hin- und hergeschaukelt.) Dazu wird das Lied gesungen: »Eine Seefahrt, die ist lustig, eine See-

fahrt, die ist schön, ja, da kann man was erleben, ja, da kann man auch was sehn! Hollahi, hollaho, hollahia-hia-hia-hia-ho.«

5. Balancieren (Das Leimholzbrett wird über zwei Stühle gelegt. Die Kinder balancieren - meist mit Hilfe der Eltern - über das Brett)

6. Tischhüpfen (Was zu Hause verboten ist, im Eltern-Kind-Kreis ist es erlaubt: Die Kinder hüpfen von einem Tisch auf die Turnmatten. Falls keine Turnmatten vorhanden sind, können mehrere Decken übereinandergelegt werden.)

7. Tigerspringen (Eine Variante des Tischhüpfens für sprungsichere Kinder: Die Kinder springen vom Tisch durch einen Reifen, wie die Tiger im Zirkus. Der Reifen wird also nicht senkrecht, sondern schräg bzw. waagerecht gehalten.)

8. Ball-durch-den-Ring (Kinder werfen Bälle durch den Hoola-Hoop-Reifen.)

9. Ball-über-die-Schnur (Eltern spannen das Springseil und die Kinder werfen Bälle darüber.)

10. Besenstiel-Schaukeln (Zwei Elternteile halten einen Besenstiel, an dem sich ein Kind festhält; eventuell werden die Kinderhände von den Erwachsenen festgehalten. Der Besen wird sanft hin und her, auf und ab bewegt. Der Untergrund muss weich sein durch Decken bzw. Turnmatten!)

11. Leiterklettern (Kinder erklettern mit oder ohne Hilfe eine Haushaltsleiter)

► Thema: **»Guck mal, das bin ich« oder: »Allerhand mit der Hand«**

▷ Zielgedanke: Gott hat uns gewollt und er kennt uns

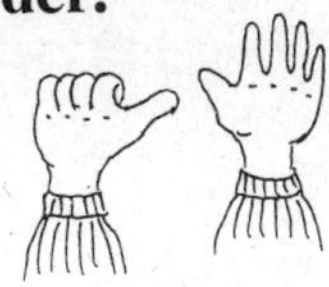

Einstieg für die Eltern/Missio-Spot

Hilfsmittel: Personalausweis der Mitarbeiterin

Ich bin die Nummer 2389369954D ** 5710 155*9911053 ******6 – so steht es in meinem Personalausweis.

Mein Name allein reicht nicht aus, um mich als diesen einen Menschen zu identifizieren. Mein Geburtsname, Geburtsort und Geburtsdatum sind auch wichtig, sogar die Augenfarbe und Körpergröße. Aber im Computer meines Einwohnermeldeamtes bleibe ich nur eine anonyme Nummer – trotz aller dieser Angaben.

Wer bin ich? Darauf gibt die 25-stellige Personalausweis-Nummer nur eine unbefriedigende Antwort. Mein Handabdruck, sogar ein einziger Fingerabdruck würde für meine Identifizierung ausreichen. Aber die Frage bleibt: Wer bin ich?

Darauf habe ich inzwischen eine zufriedenstellende Antwort gefunden: Ich bin wer! In einem alten Gebet aus der Bibel lese ich den aufregenden Satz: »Was ist der Mensch, dass du seiner gedenkst, und was des Menschen Kind, dass du dich seiner annimmst?« (Psalm 8,5)

Gott hat mich gewollt, er kennt mich. Er hat unsere Kinder gewollt, er kennt sie – auch, wenn uns manches an uns selbst und auch an unseren Kindern geheimnisvoll bleiben wird.

Ein gutes geistliches Kinderlied zum Mitmachen ist:
»Weil Gott dich wollte«

Text und Melodie: Christiane Dusza
Rechte: Aussaat-Verlag, Neukirchen-Vluyn

Kinderprogramm

1. Kinderaktion: »Die Geburtstagshand«

Die Eltern werden in den vorausgehenden Gruppenstunden gebeten, ein Foto des Kindes mitzubringen. Die Mitarbeiter haben eine weiße Hand aus Plakatkarton vorbereitet.

Die Fotos werden zu Beginn der Gruppenstunde auf die Papphand geklebt. Nun wird bei jedem Kind eine Hand mit Fingerfarbe angemalt und mit Hilfe eines Elternteils ein Handabdruck neben dem jeweiligen Foto gemacht. Wem für Fingerfarben die Nerven fehlen, kann auch alternativ den Handumriss mit Filzstift aufmalen. Nun wird unter jede Fotohand der Name und das Geburtsdatum geschrieben – und fertig ist die Geburtstagshand.

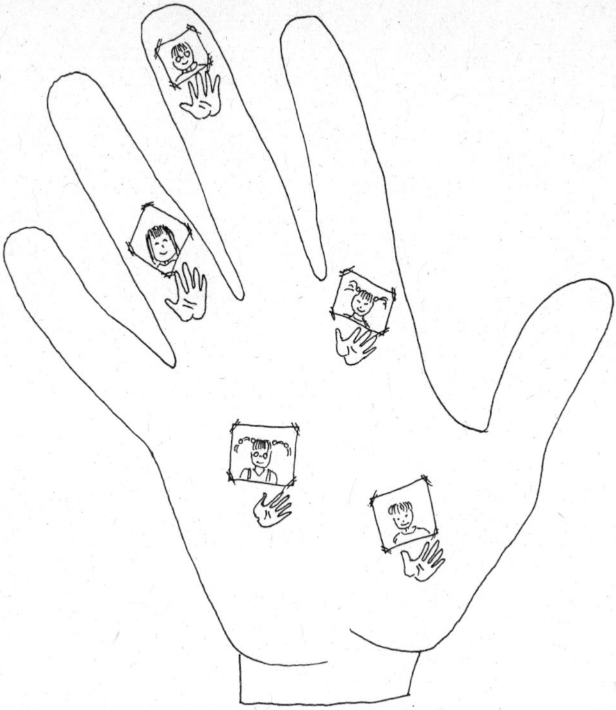

Variation: Salzteig-Hand- bzw. Fußabdruck

Aus vorbereitetem Salzteig können Hand- oder Fußabdrücke hergestellt werden. Mit einem Holzspieß bekommen die Abdrücke Löcher, damit man sie später aufhängen kann. Auf vorbereiteten Pappen (mit Namen versehen!) werden sie an einem sicheren Ort zum Trocknen gelagert.

2. »Himpel und Pimpel heißen meine Freunde«, ein lustiges *Bewegungslied* von Detlef Jöcker aus »Komm, du kleiner Racker«, passt gut zu unserm Thema.

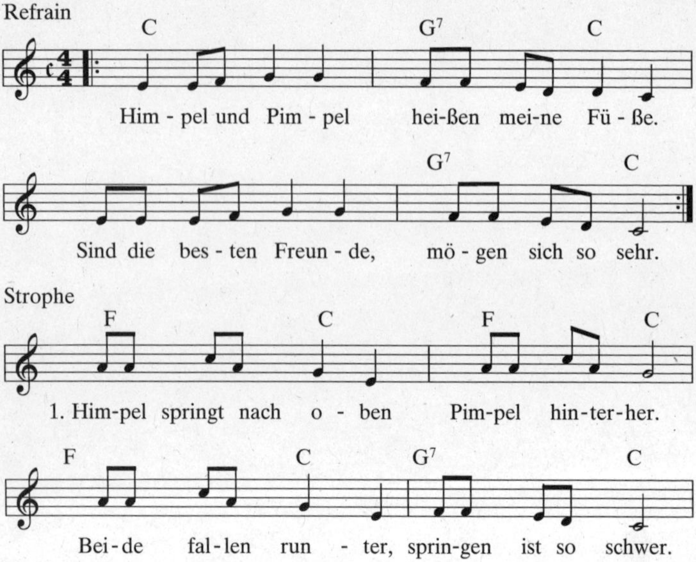

Refrain: Himpel und Pimpel
heißen meine Füße.
Sind die besten Freunde,
mögen sich so sehr.

2. Himpel läuft nach rechts hin,
Pimpel hinterher.
Beide kommen wieder,
laufen ist so schwer.

Refrain: Himpel und Pimpel . . .

3. Himpel will jetzt tanzen,
Pimpel hinterher.
Beide werden müde,
tanzen ist so schwer.

Refrain: Himpel und Pimpel . . .

3. »Oben auf dem Berge«

1. Oben auf dem Berge
(Zeigefinger beider Hände zeigen abwechselnd nach oben),
eins, zwei, drei
(mit den Fingern wird eins, zwei, drei gezählt),

2. tanzen sieben Zwerge
(alle Finger bewegen sich tanzend hin und her),
eins, zwei, drei.

3. Unten auf der Wiese
(Zeigefinger beider Hände zeigen abwechselnd nach unten)
eins, zwei, drei,

4. sitzt ein groooßer Riese
(beide Arme machen eine große kreisrunde Bewegung),
eins, zwei, drei
(dreimal in die Hände klatschen).

1) normal sprechen;
2) leise flüstern;
3) stumme Bewegung, nur das letzte »eins, zwei, drei« laut sprechen;
4) sehr laut brüllen/schreien/rufen!

4. »Wir machen so, so, so«

Wir machen so, so, so
(die Finger beider Hände gehen auf und zu),
wir machen so, so, so,

klatschen dann in beide Hände
(klatschen),
dreimal dreh'n
(Hände drehen sich dreimal um sich selbst),
dann sind sie weg
(Hände verschwinden hinter dem Rücken).

5. »Fünf Schweinchen kommen gelaufen«

Fünf Schweinchen kommen gelaufen,
der Bauer will sie verkaufen:
das Schnüffelnäschen,
das Wackelöhrchen,
das Kugelränzchen,
das Ringelschwänzchen.
Da ruft das kleine Wackelbein:
»Kommt, wir gehen alle heim!«
(Jedes Schweinchen wird durch eine entsprechende Handbewegung charakterisiert.)

▶ Thema: **Tierisch schön!**
▷ Zielgedanke: Der Herr ist mein Hirte

Einstieg für die Eltern/Missio-Spot

Zu den »Grundnahrungsmitteln« des Glaubens gehört der 23. Psalm.

In einer kurzen Gesprächsrunde kann erzählt werden, welche Gedanken oder Sätze den Teilnehmern aus dem 23. Psalm in Erinnerung sind.

Danach wird der Psalm vorgelesen. Er sollte auf Postkartengröße fotokopiert und jedem Elternteil mitgegeben werden.

Was ist mir nah, was ist mir fremd? Welches Verhältnis zu Gott wünsche ich mir? – Das sind Fragen, die jeder mit der Postkarte nach Hause tragen kann.

Kinderprogramm

Es gibt eine große Zahl von Fingerspielen und Liedern für die Kleinsten, in denen Tiernamen und Tiergeräusche vorkommen. Gerade das lautmalerische Nachahmen von Tiergeräuschen macht den Kindern (und den Eltern) große Freude.

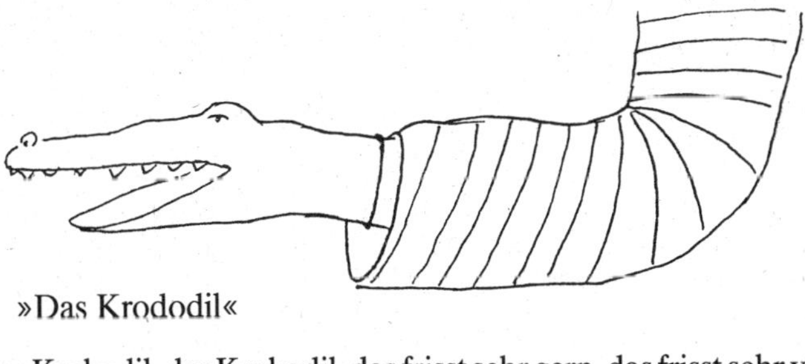

1. »Das Krododil«

Das Krokodil, das Krokodil, das frisst sehr gern, das frisst sehr viel (Hand des Elternteils wird wie ein Krokodilmaul vor dem Kind bewegt),

es scheint zu schlafen
(Elternteil stellt sich schlafend),
liegt ganz still
(kurze Pause),
doch – schwupp! –
(schnelle Krokodil-Handbewegung zum Kind),
schon schnappt es, wen es will,
drum halt vom Krokodil dich fern
(Elternteil zeigt warnenden Zeigefinger),
denn es hat dich zum Fressen gern
(Elternteil drückt sein Kind fest an sich).

Dieses Fingerspiel kann auch mit einer Krokodil-Kasperlepuppe oder einer kleinen Krokodil-Handpuppe gespielt werden.

2. »Alle meine Fingerlein«

Alle meine Fingerlein sollen einmal Tiere sein
(alle Finger einer Hand bewegen, danach jeweils die genannten Finger zeigen):
Dieser Daumen, dick und rund, ist der große Schäferhund,
Zeigefinger ist das stolze Pferd, ist wohl tausend Taler wert.
Mittelfinger ist die bunte Kuh, die macht immer muh, muh, muh.
Ringfinger ist der Ziegenbock mit dem bunten Zottelrock
und das kleine Fingerlein soll einmal das Lämmlein sein.

Alle Tiere, hopp, hopp, hopp, laufen alle im Galopp
(die Finger machen Laufbewegungen),
laufen in den Stall hinein, denn es will bald Abend sein
(die Faust der einen Hand verschwindet unter der zweiten).
Alle Tiere schlafen ein, träumen fein vom Sonnenschein
(Eltern stellen sich schlafend).
Kikeriki!!!
Alle Tiere wachen auf und beginnen ihren Lauf
(Hand macht Laufbewegung).

3. »Verwandlungslied«

»Hoch im Himmel« (Text und Melodie siehe »Die Arche Noah«, S. 85)

Vor den jeweiligen Strophen wird ein Kind bzw. dessen Elternteil gefragt, in welches Tier es sich »verwandeln« möchte.

4. »Stabpuppen-Tierlied«

Für dieses Stabpuppen-Lied werden fünf Stabpuppentiere benötigt.

Bastelanleitung:
Die Kopiervorlagen werden auf einem Fotokopiergerät vergrößert. Die Kopien werden auf Wellpappe oder stabilen Karton aufgeklebt, ausgeschnitten und farbig angemalt. Ein Rundstab (Durchmesser ca. 0,5 cm) wird auf der Rückseite mit Paketkleber befestigt.

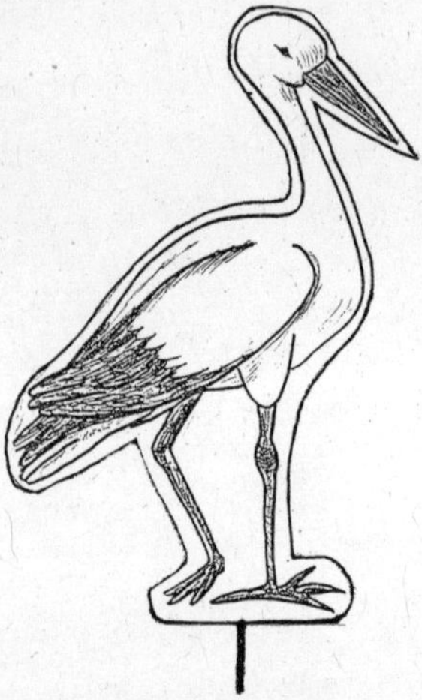

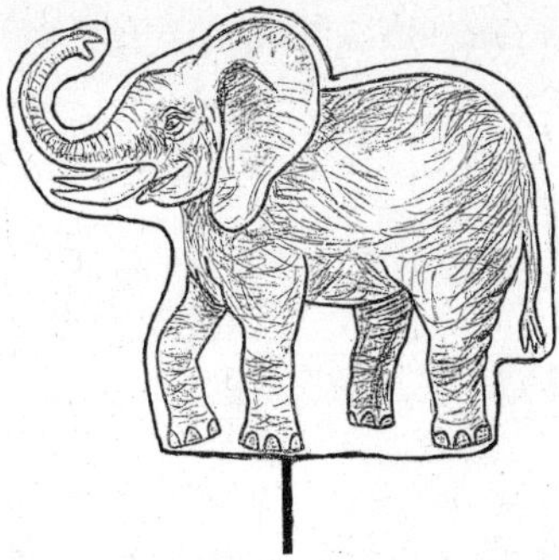

Lied: »Wenn sich die Igel küssen«

Die Stabpuppenpaare werden in der Gruppe verteilt. Die Paare (Igel, Störche etc.) müssen dicht beieinander sitzen.

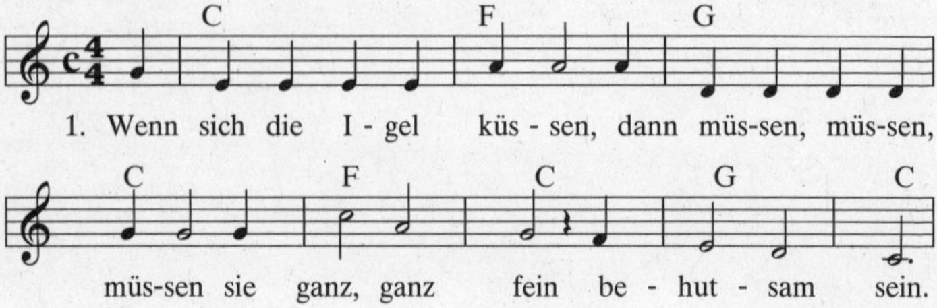

2. Wenn sich die Störche küssen,
   dann müssen, müssen, müssen
   sie ganz, ganz fein
   behutsam sein.

3. Wenn Elefanten küssen,
   dann müssen, müssen, müssen
   sie ganz, ganz fein
   behutsam sein.

4. Wenn sich die Menschen küssen,
   dann müssen, müssen, müssen
   sie ganz, ganz fein
   behutsam sein.

Text und Melodie: Johannes Kuhnen

(Bei der letzten Strophe geben die Eltern ihren Kindern einen Kuss.)

► Thema: **Kleider machen Leute – ein Verkleidungsfest**

▷ Zielgedanke: ». . . Gott aber sieht das Herz an.«

Einstieg für die Eltern/Missio-Spot

In die Kreismitte werden aus Illustrierten (*Brigitte* etc.) ausgeschnittene Modefotografien von Frauen gelegt, bevorzugt Geschäfts- und Bürokleidung sowie schicke Abendgarderobe.

Was empfindet ihr beim Anblick dieser Bilder?
Wonach habt ihr entschieden, was ihr heute morgen anzieht?
Was habt ihr zu Zeiten eurer Berufstätigkeit getragen?
Das so angestoßene Gespräch kann diese Aspekte haben:

- Die Unterschiedlichkeit der Lebenssituation einer berufstätigen Frau und einer Mutter.
- Welche Bedeutung haben Kleidung und gepflegtes Äußeres? Tue ich es für andere oder auch für mich? – Fühle ich mich wohl in meiner Haut? (Die Annahme des eigenen Körpers nach Schwangerschaft und Geburt.)

Ein großer Spiegel wird in die Mitte geholt. Jede sollte möglichst einmal in den Spiegel schauen. Die Mitarbeiterin spricht den Satz: »Ein Mensch sieht, was vor Augen ist; Gott aber sieht das Herz an« (1. Samuel 16,7).

- Was ist, wenn – im übertragenen Sinn – alle Hüllen fallen?
- Wen lasse ich hinter meine Fassade schauen? »Gott aber sieht das Herz an« – wie nahe oder wie fremd ist mir dieser Gedanke?

Kinderprogramm

1. »Verkleidete Zappelmänner«

An die Fingerspitzen von weißen Stoffhandschuhen werden bunte Glöckchen genäht. So entstehen verkleidete, klingende Zappelmänner – bei Kindern sehr beliebt! Gesungen nach der Melodie »Zehn kleine Negerlein« werden die Reime mit entsprechenden Bewegungen miteinander aufgesagt.

2. »Die Maus hat rote Strümpfe an«

Die Maus hat rote Strümpfe an, damit sie besser radeln kann (mit den Füßen des Kindes Radfahr-Bewegungen machen). Sie radelt bis nach Dänemark, denn radeln macht die Waden stark (schnell radeln).

Die Maus hat rote Handschuh' an, damit sie besser rudern kann (mit den Händen des Kindes Ruder-Bewegungen machen). Sie rudert über'n großen See; am Schluss tun ihr die Hände weh (schnell rudern).

3. »Die Strümpfe, die gehören an die Beine«

2. Die Schuhe, die gehören an die Füße,
das weiß doch jedermann.
Drum ziehn wir unsre Schuhe gleich
an unsre Füße an.

Refrain: Der rechte Fuß,
der linke Fuß,
das ist doch allen klar.
Der rechte Fuß,
der linke Fuß,
das klappt ja wunderbar.

3. Die Handschuhe gehören an die Hände,
das weiß doch jedermann.
Drum ziehn wir unsre Handschuhe
an unsre Hände an.
Refrain: Die rechte Hand,
die linke Hand,
das ist doch allen klar.
Die rechte Hand,
die linke Hand,
das klappt ja wunderbar.

4. Die Ohrringe gehören an die Ohren,
das weiß doch jedermann.
Drum hängen wir die Ohrringe
an unsre Ohren dran.
Refrain: Das rechte Ohr,
das linke Ohr,
das ist doch allen klar.
Das rechte Ohr,
das linke Ohr,
das klappt ja wunderbar.

(Text: Rolf Krenzer; Musik: Detlef Jöcker)

4. Verkleidungsaktion

Die Eltern haben Verkleidungssachen mitgebracht: alte Hüte, Blusen, Gürtel, Ketten, Schuhe etc. Vor dem großen Spiegel (siehe Einstieg für die Eltern) verkleiden sich die Kinder.

Wenn nicht genügend Hüte vorhanden sind, können Papierhüte selbst gefaltet werden.

5. Schmink-Aktion

Man muss kein Schmink-Künstler sein; einige kleine Farbtupfer sind schon sehr effektvoll.

▶ Thema: **Wenn Träume zerplatzen – ein Luftballonfest**

▷ Zielgedanke: Wie erleben wir Erwartung – Enttäuschung – Heilung?

Einstieg für die Eltern/Missio-Spot

Mehrere Luftballontrauben hängen an der Decke oder den Wänden des Raums. Vielleicht gibt es auch einen Verkäufer von schönen Luftballons.

Eine Mitarbeiterin bläst vor den Augen der Eltern einen Luftballon auf. Sie pustet und pustet, bis er schließlich zerplatzt (wer es sich – verständlicherweise – nicht traut, nimmt eine Stecknadel).

– »Wenn Träume zerplatzen . . .« – Unerfüllte Erwartungen sind wie geplatzte Luftballons.

Wenn sich die Gruppe gut kennt, werden schon zu Beginn persönliche Erfahrungen ausgetauscht. Ein zerplatzter Traum kann zum Beispiel zur Situation des Alleinerziehens geführt haben. Es gibt Berufswünsche, die nicht in Erfüllung gegangen sind, ungewollte Umzüge etc.

Die Mitarbeiterin kann einen persönlichen Beitrag einbringen.

– »Gepustet und gepustet und gepustet – bis es platzt . . .« – Kennen wir Situationen, die wir überreizt haben?

Welche Enttäuschung produzieren wir selbst durch falsche oder übersteigerte Erwartungen?

Bereitet die Erfahrung des Mutter-Seins an manchen Tagen auch ein »Zerplatzter-Luftballon-Gefühl«?

– Einen Luftballon kann man nicht wieder heil machen – wer macht uns heil?

Kinderprogramm

Vorbereitung: In einem Spezialgeschäft sollten zwei bis drei übergroße Luftballons (je 6,– bis 10,– DM) gekauft werden. Das ist eine lohnende Investition, denn wenn beim Aufblasen beachtet wird, dass der Nippel beim Verschließen nicht durchgezogen wird, können diese Ballons viele Male benutzt werden. Außerdem wird eine Vielzahl normal großer, bunter Luftballons benötigt. Diese werden vor Beginn der Gruppenstunde aufgeblasen und in dem großen Schwungtuch (Anleitung siehe Entwurf: »Ich habe einen Namen«) zusammengebunden.

1. Luftballon im Schwungtuch:

Das Schwungtuch ist mit vielen bunten Luftballons gefüllt.

– Die Kinder können unter das Schwungtuch gehen und die Luftballons anstupsen.

– Die Ballons können im Schwungtuch hochgewirbelt werden; die Kinder sollen versuchen, die Ballons zu fangen.

2. Ballon über die Schnur:

Benötigt wird ein langes Springseil. Die Kinder versuchen, Ballons über das Seil zu werfen.

3. »So groß . . .«:

Alle sitzen im Kreis, die großen Ballons (maximal drei) werden in die Luft geworfen, und die Kinder versuchen, sie zu fangen. Die großen Ballons fliegen schwerfälliger als die kleinen, so dass es den Kindern besonders viel Freude macht.

4. »Wer fängt den roten, gelben, grünen Ballon?«

Die Kinder sollen - nach jeweils angesagten Farben - die entsprechenden Luftballons fangen.

Die zur Dekoration aufgehängten Luftballontrauben werden zum Schluss abgeschnitten und alle - Eltern und Kinder - dürfen damit spielen.

»Die Backerbsen«

Grundsätzliches zur Situation der Gruppe

Die Gruppe in Darmstadt-Griesheim, aus der heraus die nachfolgenden Stundenentwürfe entstanden sind, war eine altershomogene Gruppe, die sich um den zweiten Geburtstag der Kinder herum zusammengefunden hatte und über zwei Jahre hinweg bestand. Der Altersunterschied vom jüngsten zum ältesten Kind belief sich auf ca. ein halbes Jahr. Nach einer kurzen Zeit der Fluktuation bildete sich eine feste Gruppe mit elf Kindern (fünf Jungen und sechs Mädchen) heraus. Die ausgewogene Verteilung der Geschlechter war uns wichtig.

Die Kinder trafen sich zusammen mit jeweils drei Müttern dreimal wöchentlich vormittags von 9 bis 12 Uhr. Die Teilnahme der Mütter wurde durch einen »Dienstplan« geregelt, das heißt, sie wechselten sich in einem gewissen Rhythmus ab. Das hatte den Vorteil, dass alle Kinder und Mütter sich sehr gut kannten und dass alle Mütter von den Kindern als Bezugspersonen akzeptiert wurden. Außerdem hatten wir uns den Gedanken zum Prinzip gemacht, dass die Leiterin nicht allein bestimmend sein sollte, da sonst die Initiative der übrigen Mütter zurückgetreten wäre. Um die Gruppentreffen durch die Vielzahl der teilnehmenden Mütter nicht in eine Art Kaffeeklatsch ausarten zu lassen, sondern tatsächlich eine sinnvolle Beschäftigung für und mit den Kindern herbeizuführen, entstand die Dienstplan-Regelung. So konnte gewährleistet werden, dass die jeweiligen Mütter auch als Betreuerinnen und Spielgefährten für die Kinder zur Verfügung standen.

Regelmäßige Elternabende und Treffen im kleineren Kreis unterstützten die Arbeit. Bisher gemachte Erfahrungen und neue Ideen flossen in die sorgfältige Planung der folgenden Gruppenstunden ein. Wichtig war es dabei, das einzelne Kind im Blick zu haben, ihm zu helfen, seine Fähigkeiten zu vervollständigen und weiterzuentwickeln und seinen aktuellen Entwicklungsstand zu berücksichtigen.

Die Gruppe traf sich im Pfarrzentrum des Ortes. Die dort unentgeltlich zur Verfügung gestellten Räumlichkeiten waren nahezu optimal. Der große Raum mit angrenzender Küche und Abstellraum ermöglichte es, mehrere kleine »Inseln« entstehen zu lassen und trotzdem noch genügend Bewegungsfreiheit für Kreis- und Laufspiele und für Turnübungen zu haben.

Der Ablauf eines Gruppenvormittages beinhaltete immer gewisse wiederkehrende Elemente, sogenannte Rituale, da diese in den Kindern Vertrautheit wecken und Scheu und Angst schwinden lassen. So wurde der Vormittag zunächst immer mit dem freien Spiel begonnen, um die Zeit bis zum Eintreffen aller

Teilnehmer sinnvoll zu gestalten, aber auch, um erste Kontakte zwischen den Kindern entstehen zu lassen.

Der Morgenkreis, in dem bekannte Lieder gesungen oder Fingerspiele gemacht wurden, war ebenso wichtig wie das Abschiednehmen. Jede Gruppe sollte sich hierfür einen eigenen Abschiedsgruß überlegen, zum Beispiel »Alle Leut«.

Das gemeinsam eingenommene Frühstück im Laufe des Vormittags zählte ebenfalls zu den vertrauten Abschnitten eines jeden Treffens. Auch das Aufräumen vor dem Abschiednehmen wurde als Ritual gestaltet.

Gemeinsame Aktionen mit Vätern, Müttern und Geschwistern, wie zum Beispiel Sommerfeste, Ausflüge, Fahrten und Theaterbesuche schweißten die Gruppe regelrecht zusammen. Es entstand ein wirkliches Gruppenleben und ein echtes Zusammengehörigkeitsgefühl, das auch nach der Auflösung der Gruppe weiter bestand. Freundschaftliche Bindungen, die bereits zu Beginn der Kindergruppenzeit bestanden hatten, wurden intensiviert, was aber kein Hindernis für die Aufnahme neuer Beziehungen war, die sich sogar oft mit alten verbanden.

Die Auflösung der Gruppe war kein Abschied voneinander, sondern von einem Lebensabschnitt. Das Kleinkindalter war vorbei und das Kindergartenalter begann; aber selbst jetzt fanden noch monatliche Treffen statt. Neben der Freude, die diese Gruppe allen Beteiligten bereitet hatte, leistete sie auch einen erheblichen Beitrag zur Sozialisation der Kinder. Keines von ihnen hatte irgendwelche Schwierigkeiten beim Eintritt in den Kindergarten.

Engagement, Ideenreichtum, das Zusammenfließen eigener Erfahrungen mit denen anderer, die Freude an der Arbeit mit Kindern – das alles trägt zum Gelingen von Mutter-Kind-Kreisen bei.

Viel Spaß mit Ihrer Gruppe wünscht Ihnen

Astrid Berg

▶ Thema: **Der Frühling ist da**

▷ Zielgedanke: Alles erwacht zu neuem Leben

Einführung

Der Frühling erweckt alles zu neuem Leben – die Natur erblüht. Was vorher karg und öde war, wird plötzlich wieder schön und bunt. Die Vielfalt des Lebens wird sichtbar und spürbar. Die Sonne schickt ihre wärmenden Strahlen zur Erde und hat damit Auswirkungen auf die Pflanzen und Tiere, aber auch auf die Menschen. Die langersehnte Wärme, die Farbenpracht und das Sichtbarwerden des neuen Lebens geben uns wieder Kraft, Hoffnung und Mut. Alles geht einfacher und leichter – es ist, als nähme alles einen neuen Anfang.

Dieses Erkennen des Neu-werdens, des immer wiederkehrenden Schöpfungsaktes Gottes und die Freude darüber gilt es zu vermitteln, indem die Kinder das Erwachen der Natur spielerisch und gestalterisch nachvollziehen.

Einstieg

Da die Kinder zu Mutter-Kind-Kreisen oftmals nacheinander erscheinen und zunächst Zeit für eine »Aufwärmphase« ist, in der die Kontakte wieder neu aufgenommen werden, empfiehlt es sich, am Anfang unterschiedliches Spielmaterial für das freie Spiel anzubieten. Das hat den Vorteil, dass sich die Kinder einzeln oder in Grüppchen vorsichtig mit dem Thema und miteinander vertraut machen können. So finden die Kinder an dieser Stelle folgendes Material vor:

a) Bilderbücher: Es bietet sich »Meyers kleine Kinderbibliothek« an (z.B. »Unter der Erde«, »Das Ei«, »Die Blume«, »Der Baum«, »Die Biene«, »Der Marienkäfer«);
b) Puzzle mit schönen Tier- oder Pflanzenmotiven;

c) Plüschtiere;
d) Baumaterial, z.B. Duplo Zoo, Bauernhof, Safaripark.

Während Zwei- bis Dreijährige häufig zwar gleichzeitig mit den gleichen Dingen hantieren, aber doch nebeneinander her spielen, treten die Älteren beim Spiel mehr und mehr in Interaktion. Beide Phasen sind jedoch für die Spielentwicklung und den Aufbau der Sozialkontakte äußerst wichtig.

Nach dieser Aufwärmphase folgt der eigentliche gemeinsame Einstieg ins Thema. Die Kinder werden zu einem Morgenkreis zusammengeholt und noch einmal gemeinsam begrüßt. Dieser Kreis fördert das Zusammengehörigkeitsgefühl und das Zusammenwachsen zu einer Gruppe.

Die Leiterin führt zum Thema des Morgens hin und versucht ein kurzes Gespräch zu entwickeln: Habt ihr schon gesehen, was mit den Bäumen passiert ist? Ja, genau: sie haben wieder Blätter bekommen. Im Winter waren alle ganz kahl und jetzt werden sie wieder grün. Was wächst denn so auf den Wiesen? Welche Farben haben die Blumen? Die Vögel kommen und zwitschern ihre Lieder. Sie freuen sich über die Sonne und dass alles wieder schön grün und bunt wird. Auch wir wollen nun den Frühling mit einem Lied begrüßen:

> Kuckuck, Kuckuck, ruft's aus dem Wald.
> Lasset uns singen, tanzen und springen:
> Frühling, Frühling wird es nun bald.

Bei den Worten »Kuckuck, Kuckuck« die Hände zum Trichter formen; die Kinder werden es bald nachmachen und beim zweiten Durchgang zumindest diese beiden Worte schon mitsingen. Durch die Bewegungen können auch Kinder, die noch nicht mitsingen wollen, sich beteiligen.

Erarbeitung

Nachdem wir den Frühling mit einem Lied begrüßt haben, stellen wir selbst das frühlingshafte Erwachen der Natur dar. Hierzu eignet sich ein kleines Darstellungsspiel: »Unser Blümchen wächst«. Es verläuft in verschiedenen Phasen, entsprechend den Wachstumsphasen einer Blume.

Das Samenkorn: Die Kinder kauern sich auf die Erde, so dass Knie und Ellenbogen den Boden berühren. Der Kopf ist gesenkt.

Der Keimling: Die Sonne weckt das Samenkorn. Die Kinder recken den Kopf in die Höhe und setzen sich auf den Po.

Die Blume wächst: Ganz langsam stehen die Kinder auf: Hocke - langsam strecken - Kopf nach unten, Arme nach oben.

Die Blume blüht auf: Der Kopf, der die Blüte darstellen soll, reckt sich nach oben und die Arme werden als Blätter zur Seite gestreckt.

Anschließend gestalten wir gemeinsam ein Frühlingsbild. Auf weißem Fotokarton vorskizzierte Blüten werden bunt bemalt. Jüngere Kinder beschränken sich auf das Ausmalen, ältere können die Blüten zusätzlich auch ausschneiden.

Auf einem vorbereiteten Tapetenrest (einige Blumen, Bäume, Tiere, der Himmel, die Sonne und die braune Erde sind schon vorhanden) werden diese Blüten aufgeklebt; danach werden Stiele und Blätter dazugemalt.

Nach so viel Arbeit und vor der Vollendung des Gemeinschaftsbildes sollte eine kleine Auflockerung erfolgen: Um den

Kindern Bewegung zu verschaffen, muss jetzt Gartenarbeit verrichtet werden. So wird nun pantomimisch

- der Rasen mit der Sense / mit dem Rasenmäher gemäht;
- Gras mit dem Rechen zusammengekehrt;
- Unkraut gezupft;
- Gartenwege festgestampft;
- mit dem Spaten umgegraben;
- Gartenwege gekehrt;
- Blumen gepflückt.

Frohen Mutes kann jetzt von allen das Frühlingsbild vollendet werden, indem auf das untere Drittel, auf welchem die braune Erde zu erkennen ist, mit dem Pinsel Kleister aufgetragen wird. Danach darf jeder frisch gemähtes Gras darauf streuen, damit eine schöne Blumenwiese entsteht.

Abschluss

Was wäre dieses Treffen ohne einen Gang in die freie Natur? Bloße Theorie! Daher sollte man zum Abschluss einen kleinen Spaziergang machen, bei dem die Kinder Blumen pflücken und auch herumtoben.

Am Ende des Vormittages kommen alle Kinder (und evtl. auch die Erwachsenen) zu einem Abschiedskreis auf einer Wiese zusammen. Um die Gegenwart Gottes auch in dem, was wir im Frühling erleben, noch einmal deutlich zu machen, singen wir »Gott ist da, wo Blumen blühen«.

Gott ist da, wo Bäume wachsen.
Gott ist da, wo Vögel singen.
Gott ist da, wo Menschen leben. (mündlich überliefert)

Wir schließen mit dem *Abschiedsgruß,* ehe wir nach Hause gehen:

Alle Leut, alle Leut gehn jetzt nach Haus.
Große Leut, kleine Leut, dicke Leut, dünne Leut.
Alle Leut, alle Leut gehn jetzt nach Haus.
Gehn in ihr Kämmerlein, lassen das Spielen sein.
Alle Leut, alle Leut, gehn jetzt nach Haus.

► Thema: **Die Arche Noah**

▷ Zielgedanke: Gott gibt Mensch und Tier eine Chance zum Fortbestand

Kurze Einführung

Die meisten Kinder werden irgendwann im Kindergarten- oder Vorschulalter (wenn nicht sogar schon früher) mit der genannten biblischen Geschichte konfrontiert. Dies hängt unter anderem damit zusammen, dass sowohl der (Bilder)buchmarkt als auch andere Medien und die Spielzeugindustrie sich der Arche Noah in den verschiedensten Formen annehmen. Schon alleine der Gedanke, dass alle Tiere der Welt in einem großen Schiff untergebracht waren und so vor dem Ertrinken bzw. Aussterben bewahrt wurden, regt die Phantasie an. Kinder lieben Tiere und freuen sich über die wunderbare Rettung. Die Arche ist zudem ein Symbol für Sicherheit und Geborgenheit.

Wichtig ist auch das Versprechen, das Gott den Menschen nach der Sintflut gibt: Er will das Leben kein zweites Mal vernichten. Als Zeichen für diese Zusage lässt er nach dem Regen die Sonne scheinen und setzt den Regenbogen in den Himmel, der nicht nur ein erstaunliches Naturschauspiel ist, sondern für alle Zeiten an Gottes Versprechen erinnern soll.

Einstieg

Zu diesem Gruppenvormittag dürfen die Kinder verschiedene Spielzeugtiere mitbringen. Ebenso werden in der *Aufwärmphase* Duplo-Bausteine, Schiffe, Duplo- oder Playmobil-Bauernhof und Zoo und die dazugehörigen Tiere zum Spielen angeboten.

Auch Lieder, Finger- und Singspiele führen zum Thema hin. Im Morgenkreis singen wir »Alle meine Entchen« ebenso wie »Hoch am Himmel, tief auf Erden«.

(Text und Melodie mündlich überliefert)

Hierbei wird der gesamte Körper mit einbezogen, indem folgende Bewegungen ausgeführt werden:

Hoch am Himmel
(beide Arme in die Luft strecken),
tief auf Erden
(Arme zeigen nach unten/evtl. bücken sich die Kinder),
rundherum ist Sonnenschein
(Kinder drehen sich und machen mit den Armen ebenfalls eine drehende Bewegung);
wenn ich mal
(jeder zeigt auf sich selbst)
ein Tierlein wäre, möcht ich gern ein . . . . . . sein.
(der Laut bzw. die Gangart des besungenen Tieres wird von allen nachgeahmt).

Danach kann noch ein *Fingerspiel* erfolgen, das ganz bestimmt immer wieder großen Spaß macht:

Es schwimmt im Nil, es schwimmt im Nil
(Schwimmbewegungen mit aneinandergelegten Handflächen)
ein großes grünes Krokodil.
Macht's Maul weit auf, macht's Maul wieder zu
(die Hände deuten das Auf- und Zuklappen des Maules an)
und frisst den kleinen Kakadu.
Der König sagt: Nein, nein
(drohender Zeigefinger),
das darf nicht sein!

Sonst sperr ich dich in den Käfig ein!
(mit dem Zeigefinger wird ein Käfig in die Luft gemalt)
Drum schwimmt im Nil, drum schwimmt im Nil ein großes, grünes Krokodil.
Macht's Maul weit auf, macht's Maul wieder zu und lässt den Kakadu in Ruh.«

(mündlich überliefert)

Erarbeitung

Nach diesem aktiven Teil darf jetzt eine Phase der Ruhe folgen. Die Leiterin nimmt ein Spielzeug- bzw. Kuscheltier, verstellt ein wenig die Stimme und erzählt aus der Sicht dieses Tieres die Geschichte:

»Stellt euch einmal vor, was mein Ur-, Ur-, Ur-, Urgroßvater vor vielen tausend Jahren erlebt hat: Gott hatte die Welt erschaffen, die Blumen, Bäume, Menschen und auch die Tiere. Alles war schön, doch eines Tages . . .«

Die Geschichte von der Arche Noah eignet sich besonders gut, um gerade bei der Aufzählung der verschiedenen Tierarten die Kinder mit einzubeziehen. Jeder darf ein Tier nennen, das schnell noch mit auf das Schiff muss. Um die Einbeziehung und das Mitfühlen der Kinder zu fördern, ist es ganz wichtig, dass man die Form des freien Erzählens wählt. Diese kann ohne weiteres durch Bilder aus einem Bilderbuch unterstützt werden, die gemeinsam betrachtet werden. Hierbei empfehlen sich die Bilder von Kees de Kort (»Gott erschafft die Welt«, »Der Regenbogen«, Deutsche Bibelgesellschaft, Stuttgart). Durch einige wenige Bilder wird alles noch anschaulicher und einprägsamer, ohne dass die Phantasie der Kinder eingeschränkt wird.

Nun drängt es die Kinder, selbst etwas zu schaffen. Ganz besonders stolz sind sie natürlich, wenn sie dieses Produkt auch mit nach Hause nehmen können. Es bieten sich für die produktive Phase verschiedene Varianten an:

1. *Modellieren von Tieren aus Knete*

Rezept für die Herstellung von Knetmasse: siehe Seite 20.

2. *Erstellen von Fingerfiguren mit Pappe*

3. *Malen bzw. Ausmalen* von Tiermotiven oder dem Regenbogen auf weißen Kacheln (hierzu eignen sich am besten wasserfeste Eddingstifte).

Weiße Kacheln sind als Ausschussware recht günstig oder sogar umsonst zu bekommen.

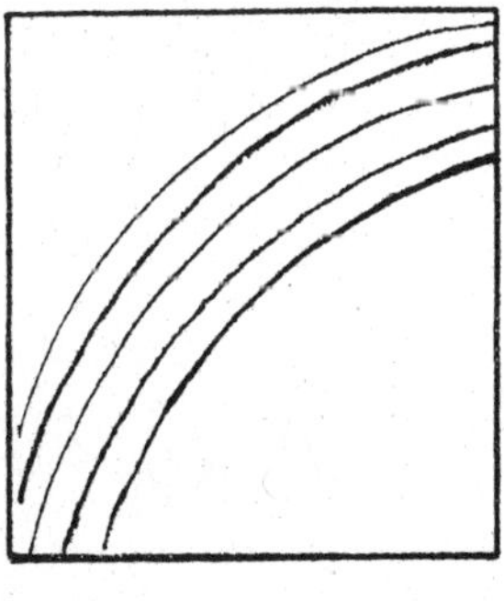

Abschluss

Nun folgt wieder eine mehr körperlich aktive Phase: Die Kinder nennen Tiere, deren Gangart und Laute von allen nachgeahmt werden sollen. Ich nenne dieses Spiel: »Wir gehen in unsere Arche Noah«. So machen sich alle auf den Weg und es kommt zum:

- Schneckenrennen (alle gehen so langsam wie möglich);
- Känguruhüpfen (evtl. mit einem Luftballon zwischen den Beinen);
- Pinguinwatscheln;
- Hasenhüpfen;
- Schlangenkriechen;
- Anschleichen der Katzen;
- Herabfliegen der Vögel usw.

Bevor sich alle trennen, dürfen sich die Kinder nochmals ein Sing- oder Fingerspiel vom Anfang wünschen.

Abschließend kann auch ein *Gebet gesprochen oder gesungen* werden, z.B.:

»Wo ich gehe, wo ich stehe, bist du, lieber Gott, bei mir. Wenn ich dich auch niemals sehe, weiß ich doch, du bist hier. Amen.« (»Unser Kinderliederbuch«, Nr. 186)

▶ Thema: **Dornröschen**

▷ Zielgedanke: Im Märchen findet alles ein gutes Ende

Kurze Einführung

Kinder lieben Märchen. Sie fangen immer mit »Es war einmal . . .« an und entführen den Zuhörer bzw. Leser in eine andere Welt – ähnlich wie im Traum. Sie sind so schön spannend, gehen aber immer gut aus, das heißt: trotz aller Aufregung und Spannung ist immer eine Sicherheit gegeben. Das Böse unterliegt und das Gute siegt. Am Schluss steht die Vergewisserung, dass den guten Hauptfiguren nie wieder etwas Böses zustoßen wird: ». . . und wenn sie nicht gestorben sind, dann leben sie noch heute.« Innerhalb dieses Rahmens von »Es war einmal . . .« bis »und wenn sie nicht . . .« ist die Geschichte eingebettet.

Die besondere Spannung der Dornröschen-Geschichte liegt in der Tatsache, dass den Eltern schon bei der Taufe der Tochter das betrübliche Schicksal vorhergesagt wurde. Der Vater versucht, das Unvermeidliche doch aufzuhalten, aber die Tochter kann dem ihr zugedachten Verlauf ihres Lebens nicht entgehen. Man spürt jedoch schon beim Eintritt der Weissagung, dass dies nicht alles gewesen sein kann. Trotz der vielen fehlgeschlagenen Rettungsversuche muss eine Lösung letztendlich möglich sein. So erfolgt sie auch genau nach Ablauf der hundert Jahre wie durch ein Wunder und wendet alles zum Guten. Wer hätte etwas anderes erwartet?!

Einstieg

An diesem Tag dürfen alle Kinder als Märchenfiguren verkleidet erscheinen. Hierfür bieten sich an: Prinzessin/Prinz, Rotkäppchen, Zwerg, Hänsel/Gretel, Hexe, Zauberer . . .

Schon durch das gegenseitige Begutachten und Bewundern entsteht der erste Kontakt. Schön ist, wenn jedes Kind beim Eintreffen fotografiert wird, so wird die Einzigartigkeit des Einzelnen hervorgehoben. (Nicht verkleidete Kinder werden ebenfalls fotografiert.)

Anschließend versammeln sich alle Kinder im Morgenkreis gesammelt und jeder darf sagen, welche Figur er darstellt. Wer mag, kann auch schon erzählen, was er von dem jeweiligen Märchen weiß.

Danach singt die Leiterin die erste Strophe vom Dornröschenlied vor. Text und Melodie sind einfach, und bald werden alle mitsingen können.

»Dornröschen war ein schönes Kind«

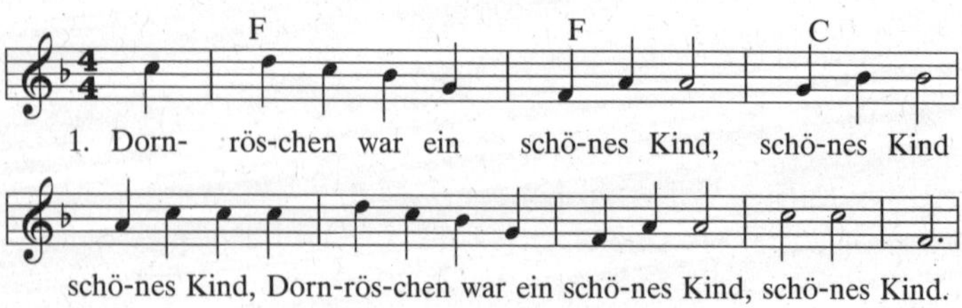

2. Dornröschen, nimm dich ja in acht!

3. Da kam die böse Fee herein.

4. »Dornröschen, schlafe hundert Jahr!«

5. Da wuchs die Hecke riesengroß.

6. Da kam der junge Königssohn:

7. »Dornröschen, wache wieder auf!«

8. Da feiern sie das Hochzeitsfest.

9. Da jubelte das ganze Volk.

(Worte: Margarete Löffler; Melodie: mündlich überliefert)

Erarbeitung

Das Märchen vom schönen Dornröschen wird in der gemütlichen Kuschelecke erzählt, die in keinem Gruppenraum fehlen sollte. Die Erzählerin hat eine Handpuppe dabei, die das Dornröschen darstellt. Ganz bewusst wird das Erzählen dem Vorlesen vorgezogen, da man beim Erzählen besser auf die Zuhörer eingehen kann. Die Gesichter und Äußerungen der Kinder spiegeln deren Gefühle wider. Eine erfahrene Erzählerin ruft in den Kindern zwar Spannung, aber keine Ängste hervor.

Nach dem guten Ausgang des Märchens wird es dann auch Zeit, die erlebte Spannung körperlich abzubauen. So folgen zunächst einige pantomimische Darstellungen von Märchenszenen, bei denen alle

- die Treppen zum Turm hochsteigen,
- zu einer schallenden Ohrfeige ausholen,
- auf einem Pferd dahergaloppieren,
- die Dornenhecke zur Seite biegen,
- vor Freude auf dem Hochzeitsfest tanzen.

Aber auch ein anderes Dornröschenspiel bietet sich an:
Die Kinder stellen sich im Kreis um das schlafende Dornröschen auf. Sie sind die dichte Dornenhecke und wollen den Prinzen nicht durchlassen. Dieser muss versuchen, sich irgendwie hindurchzuquetschen. Bestimmt findet er eine kleine Lücke oder die Dornenhecke weicht zurück. Nun darf der Prinz das Dornröschen wachküssen oder -streicheln.

Als dritte Stufe der Erarbeitung folgt das Basteln. Hierfür bieten sich verschiedene Varianten an, bei denen es immer um das Dornröschenschloss geht und die den jeweiligen Fähigkeiten der Kinder angepasst werden sollten. Es geht über das Ausschneiden und Bemalen eines Papp-Dornröschenschlosses bis zum Bemalen eines Schlosses aus Salzteig mit Wasserfarben.

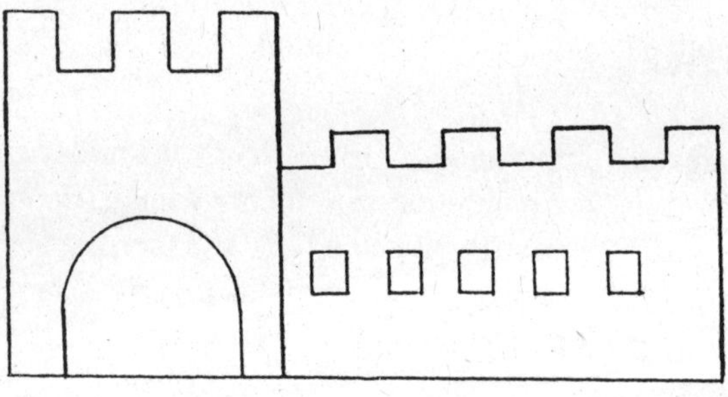

Auf jeden Fall werden die fertigen Produkte an einem Stiel befestigt. Damit daraus auch tatsächlich ein richtiges Dornröschenschloss entsteht, erhält jedes Kind einen Blumentopf mit Kresse oder Schnittlauch. Hier hinein steckt man das Schloss, das einige Tage später tatsächlich umwuchert ist.

Abschluss

Der Abschluss gestaltet sich als freies Spiel, je nach Jahreszeit drinnen oder draußen.

Für drinnen bieten sich folgende Spielsachen zum Thema an: Kasperlepuppen, Duplo-Bausteine (es kann evtl. ein Schloss gebaut werden), Ritterburg mit Figuren, Märchenpuzzle, Märchenbücher . . .

Wenn die Gruppe nach draußen kann, lässt sich ein Spielplatz schön in eine Märchenlandschaft umgestalten, wobei man der Phantasie freien Lauf lassen kann: Sandburgen bauen; klettern (das Schloss erklimmen); rutschen (das Treppengeländer im Schloss hinunterrutschen); sich durch die Büsche schlagen . . .

Zum Abschied finden sich alle noch einmal zusammen, umtanzen das Dornröschen und singen noch einmal das Dornröschenlied.

► Thema: **Wir feiern einen Geburtstag**
▷ Zielgedanke: Wir feiern gemeinsam ein besonderes Ereignis

Kurze Einführung

Feiern gehört zum menschlichen Dasein aller Generationen, es bereichert unser Leben, schafft Abwechslung vom Alltagsgeschehen, aber auch Gemeinschaft. Betrachtet man den Jahresablauf, so gibt dieser schon einige Feste vor: Ostern, Weihnachten, Silvester, Geburtstag ... Feiern in kleiner Runde, im erweiterten Familienkreis oder mit der ganzen Gemeinde.

Da für Kinder der eigene Geburtstag natürlich immer das Größte aller Feste ist, darf auch die Kindergruppe ihn nicht ignorieren. Dieser Tag gehört ausschließlich dem betreffenden Kind, und die dazugehörige Geburtstagsfeier muss einfach der Höhepunkt werden. Man darf Gäste einladen, mit ihnen gemeinsam feiern, essen, trinken und spielen. Diesem Ereignis fiebert man als Kind lange entgegen. Man zählt die Tage, bis es endlich stattfindet, und erzählt anschließend noch lange davon.

Einstieg (Gratulation)

Natürlich muss es bei einem Geburtstag Überraschungen geben, und mit einer Überraschung fängt auch alles an. Dazu ist die Mithilfe der Mutter gefordert. An diesem Tag sollte das Geburtstagskind etwas später als alle anderen kommen. So kann das Fest direkt mit dem Eintreffen der Hauptperson beginnen. Außerdem kann der Raum zuvor schon geschmückt werden.

Ein »Wachposten« kündigt das Kommen des Geburtstagskindes an, woraufhin sich alle verstecken, so dass es zunächst aussieht, als wäre noch niemand da. Mutter und Kind blicken sich suchend um. Plötzlich kommen aus allen Ecken leise (es soll ja kein Überfall sein) die Kinder hervorgekrochen, verteilen sich im Raum und singen »Wie schön, dass du geboren bist« von Rolf Zuckowski. Dabei schwenken die Kinder Fähnchen oder Blumen. Das geht auch sehr gut mit Bewegungen: Bei »Wie schön, dass du geboren bist« überreicht einer nach dem anderen dem Geburtstagskind ein Fähnchen oder Blumen.

Danach stellen sich alle im Kreis um das Geburtstagskind und dessen Mutter auf, schlenkern mit den Armen und hüpfen auf der Stelle. Alle klatschen beim Weitersingen und beim Refrain schlenkern wieder alle mit den Armen und hüpfen. Zum Ausklang des Liedes verneigen sich alle vor dem Geburtstagskind.

Nach so einem königlichen Empfang sollte man sogleich zur Krönung schreiten. Das Geburtstagskrönchen wird zwar immer nach dem gleichen Grundprinzip, aber dennoch individuell gestaltet.

Mit Federn, gebastelten Blumen, bunten Blättern, Knöpfen oder Ähnlichem und vor allem mit der Geburtstagszahl versehen, entstehen lustige Krönchen. Tiergesichter oder geflochtene Kränzchen mit herunterhängenden Bändern eignen sich auch hervorragend für diesen Zweck.

Jetzt sollte der Höhepunkt der Gratulation, nämlich die Geschenküberreichung, nicht mehr weiter hinausgeschoben werden. Sie kann z.B. als Suchspiel gestalten werden. Über der Tür oder an der Wand wird das Päckchen beispielsweise neben Luftballons und Luftschlangen befestigt werden. Somit ist es sichtbar, aber doch versteckt. Hängt man einen geöffneten Regenschirm mit dem Griff an eine Leine, die quer durch den Raum gespannt ist, und dekoriert das Ganze, so leistet er als Versteck ebenfalls gute Dienste. Nach dem Prinzip des altbekannten »Heiß-und-kalt«-Spiels macht die Suche allen Beteiligten viel Freude.

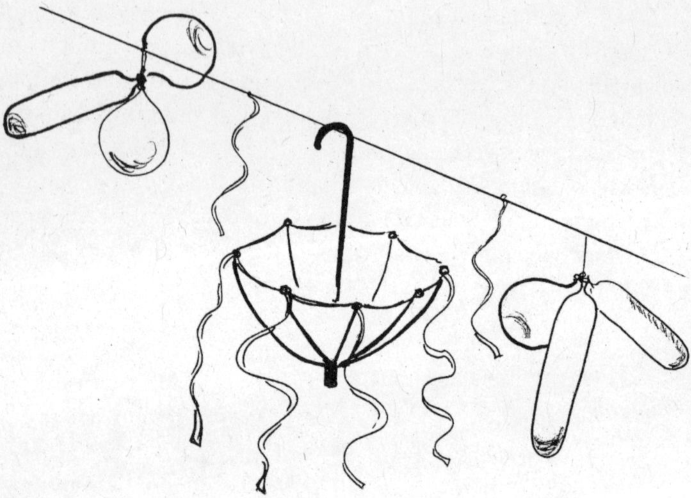

Das Geschenk selbst lässt sich auf die unterschiedlichste Art und Weise verpacken; Grundlage ist dabei immer das in einer Schachtel verstaute Geschenk:

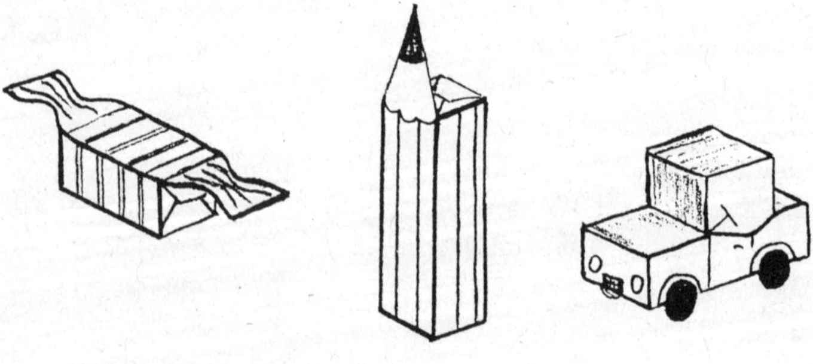

»Erarbeitung« (Feier)

Zum Feiern gehören das Essen und Trinken, darum sollte nun das Festmahl folgen. Die Einladung hierzu erfolgt durch das Geburtstagskind auf spielerische Art: Die Kinder stehen in einer Reihe, das Geburtstagskind schüttelt nacheinander jedem die Hand und fordert winkend zum Mitkommen auf. So hängt sich ein Kind an das andere an (Arme auf die Schulter des Vordermanns), es entsteht eine lange Schlange, wie bei einer Polonaise. Diese Schlange wandert nun einmal langsam, einmal schnell, mal stampfend, mal schleichend, mal trippelnd kreuz und quer durch den Raum (ein Erwachsener setzt sich an den Kopf der Schlange und macht die Gangart vor), bis man endlich über viele Umwege an der Festtafel Halt macht.

Das Festessen wird von der betreffenden Mutter oder von einem Kreis von Müttern vorbereitet, wobei sich folgende Speisen und Getränke besonders bewährt haben:

Streusel- oder Rührkuchen, Waffeln;
Obst, Pudding; Brötchen, Paprikastreifen, Quark,
Gurkenscheiben, Käsewürfel, Würstchen;
Mineralwasser, Apfelsaft, Tee.

Will man einen Rührkuchen etwas lustiger gestalten, empfiehlt es sich, den Teig nach folgendem Rezept herzustellen und auf ein Blech zu streichen:

Zutaten:

250 g Butter, 250 g Zucker, 5 Eier, 500 g Mehl, 1 Päckchen Backpulver, 1 Päckchen Vanillinzucker.

Die eine Hälfte des Teiges weiß, die andere braun, d.h. nach dem (durch Zufügen von Kakaopulver) übereinander auf das Blech streichen und bei 200^0 C backen.

Nach dem Backen folgt die Verzierung bzw. die Herstellung des Motives. So kann man beispielsweise im Herbst einen Drachen aus dem Teig herausschneiden und mit Zuckerguss, Smarties und Gummibärchen verzieren.

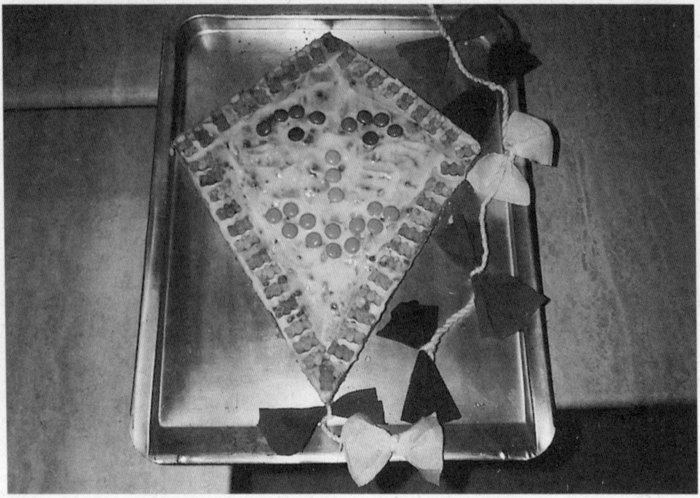

Dem Ausblasen der Kerzen durch das Geburtstagskind schließen sich die Spiele an. Besonderen Spaß macht es, wenn man Spiele zu einem bestimmten Motto oder Thema auswählt. In unserem Beispiel handelt es sich um eine Weltreise, die von den Kindern spielerisch erfahren wird. So lassen sich folgende Reiseziele ansteuern:

Deutschland (Abflug: Alle Kinder sind Flugzeuge und rennen mit ausgebreiteten Armen herum);

Australien (Känguruhüpfen; evtl. sogar mit einem Luftballon zwischen den Beinen);

Südsee (Flossenlauf: Immer zwei Kinder erhalten Taucherflossen und müssen damit um die Wette laufen);

Spanien (Stierkampf: Ein Kind ist der Stier, ein weiteres der Torero mit dem roten Tuch);

Afrika (mit einem Kissen auf dem Kopf muss eine bestimmte Wegstrecke - evtl. sogar mit Hindernissen - zurückgelegt werden);

Ägypten (eine Person oder Puppe wird mit Toilettenpapier als Mumie eingewickelt);

China (Stäbchenessen: Erdnussflips werden mit Stäbchen selbst gegessen oder gegenseitig gefüttert).

Abschluss

Das Ende des Vormittages gehört noch einmal allein dem Geburtstagskind. Es wird auf einen Thron gesetzt. Dies kann ein einfacher Stuhl oder ein extra für derartige Gelegenheiten bunt gestalteter Sitz sein. Natürlich sollte man das Geburtstagskind auch hochleben lassen: »Hoch soll er leben, hoch soll er leben, dreimal hoch!«

Bei »Hoch, hoch, hoch!« heben zwei Erwachsene das Kind mitsamt dem Stuhl hoch.

Anschließend kann man noch »Zum Geburtstag viel Glück« singen oder den Vormittag so, wie es in der Gruppe üblich ist, beenden.

► Thema: **Wir feiern ein Regenfest**
▷ Zielgedanke: Auch Regen kann schön sein

Kurze Einführung

Ein Regenfest lässt sich am besten im Herbst feiern. Während die Eltern stöhnen, dass es schon wieder regnet, würde manches Kind gerne hinausgehen, um in die Pfützen zu springen. Im Sommer folgen Feste und Feiern oft dicht aufeinander - warum sollte der Herbst nicht auch seine Feste haben? Und der Regen hat doch auch seine guten Seiten! Er ist lebensspendend und erfrischend. Ohne ihn wächst kein Baum und Strauch, und auch Menschen und Tiere brauchen ihn.

Regen kann jedoch auch lebensbedrohend und zerstörend wirken, wie dies in der Geschichte von der Arche Noah deutlich wird. Diese beiden Gruppenvormittage können durchaus miteinander in Verbindung gebracht werden oder aufeinander folgen. Aber auch eine weitere Anknüpfung ist denkbar: Bei der Taufe spielt das Wasser ebenfalls eine ganz wesentliche Rolle.

Anmerkung: An diesem Tag sollten die Eltern nicht vergessen, den Kindern Regenbekleidung (Regenstiefel, -mantel und Schirm) mitzugeben.

Einstieg

Die Kinder kommen dieses Mal in einen scheinbar unaufgeräumten Raum: Überall stehen Eimer (ohne Wasser, aber mit Putzlappen), Schrubber und leere Gießkannen herum. Zunächst sollte man abwarten, wie die Kinder reagieren. Einige werden sicherlich trotz fehlendem Wasser eine Art Putzspiel starten. Wenn es die räumlichen Gegebenheiten irgendwie erlauben, sollte man den Kindern auch die Gelegenheit bieten, wirklich (also mit Wasser) zu putzen. Muss man befürchten, dass es größere Überschwemmungen oder allzu nasse Kleidung gibt, bekommen die Kinder nur feuchte Lappen.

Nach dieser Putzaktion werden alle im Kreis zusammengeholt und es folgen pantomimische Darstellungen und ein Ratespiel zum Thema »Was man alles mit Wasser machen kann«: waschen - putzen - trinken - planschen - kochen - gießen - Zähne putzen - schwimmen - mit dem Schlauch spritzen.

»Jetzt haben wir so viel mit Wasser gemacht, wo aber kommt das Wasser denn her?« Vielleicht werden einige antworten: »Aus dem Wasserhahn«, doch schon bald wird das Gespräch auf den Regen kommen.

Selbstverständlich folgt ein *Regenlied:*

(mündlich überliefert)

Hierbei gehen die Hände immer wieder von oben nach unten und die Bewegungen der Finger stellen das Herunterfallen der Regentropfen dar. Am Ende des Liedes klatscht man plötzlich und laut in die Hände.

Aber auch ein anderes *Fingerspiel* wird die Kinder begeistern:

Es tröpfelt
(mit den Fingerspitzen leicht und leise trommeln),
es regnet
(stärker mit den Fingerspitzen trommeln),
es gießt
(abwechselnd mit den ganzen Händen trommeln),
es hagelt
(fest mit den Fingerknöcheln trommeln),
es blitzt
(mit der Hand einen Blitz in die Luft malen und einen zischenden Laut ausstoßen),
es donnert
(mit den Fäusten trommeln),
der Wind pustet die Wolken weg
(pusten)
und die Sonne geht wieder auf
(mit den Armen einen großen Bogen über dem eigenen Kopf beschreiben).

Erarbeitung

Wir erzählen die Geschichte eines Wassertropfens. Das Pestalozzi-Plus-Buch »Warum es regnet – ein Tropfen erzählt« (leider vergriffen) ist hierfür eine mögliche Grundlage und vom Bildmaterial besonders gut geeignet.

Die aktive Phase widmet sich ganz sogenannten Regen- und Wasserspielen:

Zunächst einmal werden mit einigem Abstand voneinander Teppichbodenfliesen ausgelegt. Zwischen den Fliesen sind die Pfützen. Jetzt müssen die Kinder:

i
(r mit einem Fuß oder von einem
F
di
(n mit einem großen Schritt oder
nu
ein
(m r die Pfützen steigen und am
En gießen),
ein
(au rsetzt, steht man, die andere
legt immt wieder die hintere und
legt

Für ur ein paar Stühle:

- au »Wasser« springen;
- ein ke dar, über die man laufen mu
- mit einem gefüllten Becher unter einem Stuhl hindurchkriechen;
- mit dem Becher vorsichtig auf einen Stuhl steigen und wieder hinuntersteigen;
- mit dem Becher über aufgestellte Hindernisse steigen;
- auf einem Seil (auf dem Boden liegend) über einen »Fluss« balancieren.

Wen das Spiel hungrig gemacht hat, der darf vom »Regenkuchen« naschen (Teig: siehe Geburtstagskuchen). Es gibt zwei Möglichkeiten, ihn zu gestalten:

1. Blechkuchen mit Zuckerguss (eine Wolke wird mit Lebensmittelfarbe aufgezeichnet, viele Gummibärchen sind die Tropfen);
2. Wolke und Tropfen werden ausgeschnitten und mit Gummibärchen und Smarties verziert.

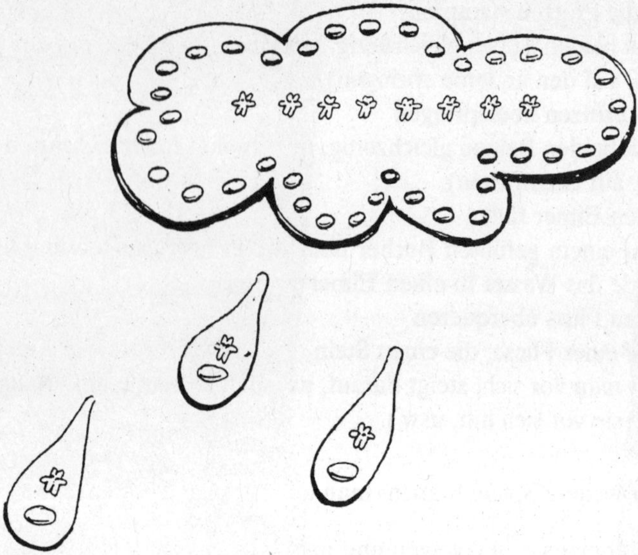

Um die Kinder selbst etwas gestalten zu lassen, eignen sich einfarbige T-Shirts, auf welche bereits Regentropfen mit Textilfarbe aufgezeichnet sind. In diese Tropfen macht jedes Kind seine Fingerabdrücke (Namen auf den T-Shirts nicht vergessen und darauf hinweisen, dass die Mütter das Kleidungsstück zur Fixierung noch bügeln müssen).

Abschluss

Jetzt geht es natürlich ab nach draußen. Hoffentlich regnet es ordentlich! Dann darf tüchtig in die Pfützen gesprungen werden. Wenn die Sonne scheint, freuen wir uns natürlich auch. Auf jeden Fall sollte mit den Eltern ein Treffpunkt zum Abholen vereinbart werden.

▶ Thema: **Bartimäus wird geheilt**

▷ Zielgedanke: Stellt euch vor, ihr könntet nichts sehen . . .

Kurze Einführung

Kinder gehen mit offenen Augen durch die Welt. Sie sehen auch die Andersartigkeit Behinderter, verhalten sich ihnen gegenüber ungehemmter als Erwachsene und stellen Fragen. Eltern sollten sich diesen Fragen stellen.

Jesus hat sich der schwachen und kranken Menschen angenommen; so auch des blinden Bartimäus. Die Geschichten, die erzählen, wie Jesus Blinde, Taube und Lahme geheilt hat, können bereits im Kindergruppenalter zu einer ersten Auseinandersetzung mit Behinderungen führen. Spielerisch erfahren die Kinder z.B., wie es ist, nicht sehen zu können. Sie spüren sozusagen am eigenen Leib, was solch ein Handicap bedeutet – und dass man alle anderen Sinne zum Ausgleich einbringen muss. Durch spielerische Erfahrungen kann auch die Freude des Bartimäus nachempfunden werden, die dieser nach dem Wunder erlebt haben muss.

Einstieg

An diesem Morgen befinden sich in den vier Ecken des Raumes verschiedene Spielmöglichkeiten, die jedoch alle ohne Hilfe der Augen ausgeführt werden müssen.

– In einem verschlossenen Karton (er besitzt lediglich eine Aussparung, um mit der Hand hineinzugreifen) befinden sich verschiedene Gegenstände, z. B. Schlüssel, Baustein, Kette, Brille, Buch, Spielzeug-Auto, Flasche, Tuch, Stift . . .

– »Das Blinde-Kuh-Spiel« (Ravensburger Verlag): Dieses Spiel basiert auf der gleichen Idee wie das oben beschriebene, allerdings mit Pappfiguren, die in einem Säckchen ertastet werden müssen.

– Blind malen: Die Kinder sollen an dieser Station versuchen, mit verbundenen Augen ein Strichmännchen zu malen. Sicher gibt es beim Betrachten der Ergebnisse viel zu lachen.

– Gegenstand suchen: Auf einem Tisch befindet sich eine kleine Streichholzschachtel oder ein Würfel. Diesen Gegenstand muss man mit verbundenen Augen ausfindig machen.

Nach diesen Spielen finden sich alle im Morgenkreis zusammen. Das Lied »Danke für diesen guten Morgen« wird gesungen (»Unser Kinderliederbuch«, Nr. 30).

Erarbeitung

In einem Gespräch mit den Kindern geht es um Augen und um Menschen, die wenig oder gar nichts sehen. Außerdem wird versucht, eine Verbindung zu den vorangegangenen Spielen zu schaffen: »Wir haben vorhin Spiele mit geschlossenen oder verbundenen Augen gemacht. War das schwierig? Warum ist es denn schwierig, etwas zu malen, ohne hinzusehen? Habt ihr manchmal ein bisschen geschummelt? – Es gibt Menschen, die nicht schummeln können. Sie sind blind und können nie etwas sehen . . .«

Vielleicht kann das eine oder andere Kind von Oma oder Opa erzählen, die nicht mehr gut sehen. Manche Kinder haben ein Auge abgeklebt oder tragen eine Brille. Über die Brille als Sehhilfe kann man darauf kommen, welche Hilfen Blinde brauchen.

Bevor das Lied »Meine Augen sind verschwunden« gesungen wird, werden nochmals die Augen

- fest verschlossen,
- leicht verschlossen,
- mit der Hand abgedeckt,
- wird durch die Finger der abdeckenden Hände hindurchgesehen.

»Meine Augen sind verschwunden, ich habe keine Augen mehr. Ei, da sind die Augen wieder, tralalalala!« (Melodie, siehe »Mein Julius ist verschwunden«, S. 48)

Falls die Kinder mögen, werden auch die anderen Strophen des Liedes (Hände, Nase, Ohren, Mund) noch gesungen.

In der Kuschelecke erzählt die Leiterin nun die biblische Geschichte von der Heilung des Bartimäus. Diese Erzählung kann durch Bilder von Kees de Kort unterstützt werden.

Wer zwei entsprechende Figuren für Bartimäus und Jesus besitzt, kann mit deren Hilfe den Kindern die Geschichte darbieten. Hierbei trägt der Bartimäus zunächst eine Augenbinde, die man ihm nach dem Wunder einfach abnimmt. So wird das Nichtsehen plötzlich in ein Sehen umgewandelt und deutlich »vor Augen geführt«.

Danach sollten die Kinder sich wieder bewegen dürfen. Bei den folgenden Spielen geht es darum, dass einer auf die Hilfe (Führung) durch andere angewiesen ist.

Mit geschlossenen Augen

- vorhandene und nur scheinbar vorhandene Hindernisse übersteigen,
- auf jemanden zugehen,
- Kniebeugen machen,
- unter einem Stuhl/Tisch durchkriechen,
- auf einem auf dem Boden liegenden Seil balancieren,
- einem Geräusch folgen (Trommelschlag oder Ticken),
- um andere Kinder im Slalom herumlaufen,
- Topfschlagen ...

Jetzt dürfen die Kinder wieder selbst kreativ sein. Jeder erhält zwei deckungsgleiche, auf Pappe gezeichnete und ausgeschnittene Bartimäus-Figuren. Diese werden zunächst angemalt. Während die eine Figur geschlossene Augen hat oder eine Augenbinde trägt, sind bei der anderen die Augen weit aufgerissen.

Zwischen diese beiden Figuren wird vor dem Zusammenkleben ein Pappstreifen gelegt und fertig ist das Lesezeichen für die Kinderbibel.

Abschluss

Der Abschluss findet im Freien statt (wenn möglich, auf einem überschaubaren Spielplatz mit kleiner Wiese). Neben dem freien Spiel können Spiele wie »Blinde Kuh« und »Verstecken« angeregt werden.

Mit dem nochmaligen Singen des Liedes »Danke für diesen guten Morgen« klingt der Vormittag aus.

»Der Mini-Club«

Grundsätzliches zur Situation der Gruppe

Wir arbeiten als Mini-Club der Landeskirchlichen Gemeinschaft in Melsungen bei Kassel mit ca. zehn bis fünfzehn Kindern im Alter von 0 bis 4 Jahren und deren Müttern, wobei eine aktive Teilnahme der Kinder mit ca. 2 bis 2 1/2 Jahren beginnt. Es ist gut, feste Strukturen in dem Ablauf der Stunden zu haben. Die Dauer des Mini-Clubs, der bei uns 14-tägig stattfindet, haben wir auf 1 1/2 Stunden festgelegt. Das begrenzte Durchhaltevermögen der Kinder und der teilweise noch benötigte Vormittagsschlaf sind Grund für diese Regelung, die wir als sehr gut für unsere Gruppe erachten.

Für die »Minis« sind immer wiederkehrende Programmpunkte sinnvoll. Wir beginnen mit ein paar Liedern. Das Lied »Schön, dass du da bist, herzlich willkommen, sei nur nicht schüchtern, wir haben dich gern« ist unser Anfangslied. Etwa drei bis vier Lieder können – je nach Jahreszeit und Thema – von den Mitarbeitern ausgesucht werden, teilweise wünschen sich die Kinder ihre Lieblingslieder selbst. Da wir kein geeignetes Liederbuch für die »Minis« gefunden haben, arbeiten wir mit einer Blattsammlung. Es eignen sich neben traditionellen Kinderliedern wie »Backe, backe Kuchen« oder »Wer will fleißige Handwerker sehen« auch christliche Bewegungslieder, zum Beispiel von Detlef Jöcker, Rolf Krenzer, Daniel Kallauch oder Hella Heizmann. Gut ist es, jedes neue Lied in mehreren aufeinanderfolgenden Stunden zu wiederholen, damit die Kinder sich den Text merken können. Mit Bewegungen geht alles besser!

Geburtstagskinder dürfen sich ein Lied wünschen und bekommen ein kleines Geschenk. Sehr positiv ist bei Mini-Club-Kindern und deren Müttern eine Kassette zur Geburt eines neuen Babys angekommen. Wir haben für das »große« Geschwisterkind christliche Kassetten für Kleinkinder ausgewählt, wie zum Beispiel »Wir kleinen Menschenkinder« von Detlef Jöcker oder »Hella für Minis« von Hella Heizmann.

Zum Erzählen der Geschichten können Handtiere, Hand- oder Stab-Puppen (z.B. ein Handpuppen-Rabe) oder Duplo-Männchen verwandt werden. Das Erzählen der Geschichten mit Puppen fesselt die Kinder und ist daher einer reinen Erzählung bei dieser Altersgruppe vorzuziehen. Die Geschichte darf nicht zu lang sein, da die Kinder sich nicht viel länger als fünf Minuten konzentrieren können.

Nach der Geschichte wird gebastelt oder gebacken, um das Gehörte zu vertiefen. Es ist wichtig, darauf zu achten, dass die Kinder selbst bei der Gestaltung ihrer Bastelei mitwirken können. Sehr gut eignen sich Papierreißen, Kleben mit Wollfäden und Blättern, Malen mit Fingerfarben (Achtung: Kittel oder alte Hemden besorgen!), Kneten oder Kuchenbacken. Unsere »Minis« können noch nicht gut ausschneiden, daher entfallen zum Beispiel Fensterbilder. Anregung für Bastelideen bekommt man aus Bastelbüchern für Kleinkinder (Bastelgeschäft) oder eventuell von Erzieherinnen. Für Material und Kosten sammeln wir pro Kind je Stunde 2,- DM ein. (Was etwas wert ist, darf auch etwas kosten.)

Nach dem Basteln werden ein bis zwei themenbezogene Spiele angeboten, danach gibt es eine Freispielphase. Doktorkoffer und Kochgeschirr erfreuen sich neben Bauklötzen großer Beliebtheit. (Auf Stabilität achten! Das zahlt sich mit der Zeit aus.)

Wir beenden unsere Stunden mit einem Kreis und dem Schlusslied »Alle Leut, alle Leut, gehn jetzt nach Haus« und dem Spruch: »Erst die Rechte, dann die Linke, sagen beide: winke, winke.«

Empfehlenswert ist eine Namensliste der regelmäßigen Besucher mit den Telefonnummern und Geburtstagen der »Minis«. Wir haben eine solche Liste erstellt und verteilt, um im Notfall eine Telefonkette bilden zu können – und damit sich die Frauen auch mal untereinander im Laufe der Woche mit den Kindern verabreden können.

Beate Gaebler und Monika Ittner

► Thema: **Winter - Vom Schlafen und Wachsen**
▷ Text: 1. Mose 9
▷ Zielgedanke: Jahreszeiten wiederholen sich - das hat sich Gott gut ausgedacht

Einstieg

Begrüßung mit dem Lied »Schön, dass du da bist«; weitere Liedvorschläge: »Wenn der Sturm tobt« und »Wir bauen einen Schneemann« von Detlef Jöcker.

Wir fragen die Kinder, was für Erlebnisse sie im Schnee gehabt haben, ob sie schon einen Schneemann gebaut haben und Schlitten gefahren sind. Anschließend singen wir von dem Lied »Schneeflöckchen, Weißröckchen« die erste und zweite Strophe.

Erarbeitung

Heute geht es bei uns um die Jahreszeiten. Mal sehen, was uns unser Freund Rabe Rudi zu erzählen hat:

Gespräch einer Mitarbeiterin mit Rudi, dem Raben

Beate: Hallo Rudi, du schaust ja so traurig aus!

Rudi: Ach, Beate, ich wollte dir so gerne einen Schneeball mitbringen, aber der Schnee ist weg.

Beate: Das ist doch nicht so schlimm. Ein Schneeball schmilzt sowieso im Warmen und du wärst sicher nur noch mit einem Mini-Ball im Mini-Club angekommen.

Rudi: Trotzdem schade, dass der Schnee weg ist. Kannst du mir erklären, warum es nicht das ganze Jahr schneit?

Beate: Also gut; ich will versuchen, es dir und den Kindern hier zu erklären. Gott hat mit Noah vor ganz, ganz langer Zeit einen Bund geschlossen: Er hat ihm versprochen, dass es

immer Schnee und Hitze, Sommer und Winter, Hell und Dunkel, Säen und Ernten geben wird. Auch heute noch. Verstehst du das, Rudi?

Rudi: Na ja, ein bisschen . . .

Beate: Weißt du, Rudi, der Winter ist für die Pflanzen eine Schlafzeit. Und du willst doch auch nicht das ganze Jahr über schlafen. Ein Bauer sät zum Beispiel schon im Herbst das Wintergetreide. Und auch die Blumenknollen bleiben im Herbst im Boden stecken. Im Winter freuen sich die Blumen und das Getreide, wenn der Schnee da ist. Das ist für die Pflanzen so wie eine Bettdecke für uns. Wenn es wärmer wird und die Sonne kommt, schmilzt der Schnee und die Pflanzen wachen aus der Winterruhe auf und fangen an zu wachsen.

Rudi: Das ist ja toll!

Beate: Schaut mal, Kinder, ich habe euch etwas mitgebracht, damit wir das noch besser verstehen. Seht euch mal die zwei Zwiebeln hier an. (Den Kindern die zwei unterschiedlichen Zwiebeln zeigen: eine sieht braun und »nackt« aus, die andere hat grüne Triebe.) Dies hier ist eine Zwiebel, die schon jetzt im Winter grüne Triebe bekommt. Ich habe sie nämlich überlistet und in einen warmen Raum gestellt. Jetzt glaubt sie, es sei schon Frühling. Diese andere Zwiebel war in einer kalten Kammer und schläft deshalb noch. Wenn es draußen wärmer wird, fangen die ersten Blumen bald zu blühen an. Bis zum Sommer sind die Pflanzen auf dem Feld groß geworden – und auch das Gemüse, das eure Mamas im Garten säen. Dann kann bis zum Herbst geerntet werden. Vielleicht erinnert ihr euch noch an die leckeren Erdbeeren oder Erbsen aus dem Garten?

Wenn auch die letzten Äpfel gepflückt sind, verlieren die Bäume und Blumen ihre Blätter. Dann wird es wieder Winter, wenn alle Pflanzen und Tiere sich ausruhen und schlafen können. Im Frühling fängt dann wieder das Wachsen und Blühen von vorne an.

Rudi: Das ist ja eine tolle Geschichte. – Kann ich denn auch mal was wachsen lassen?

Beate: Ja, du und die Kinder, ihr dürft jetzt Gärtner sein und pflanzen!

Für jedes Kind ist ein Blumentopf besorgt worden: Alle dürfen die Erde einfüllen, Hyazinthen einstecken und begießen. Die Hyazinthen werden zu Hause auf der Fensterbank bald Wurzeln schlagen und austreiben. Als Alternative kann man auch Weizen säen (beim Bauern wird man auf Anfrage vielleicht einige Körner geschenkt bekommen).

Abschluss

Nun machen wir noch ein Spiel: Ganz viele verschiedene Winterlieder haben wir dafür hintereinander auf einer Musikkassette aufgenommen. Auf dem Boden werden Riesenschneeflocken aus Tonkarton verteilt. Die Kinder gehen im Raum umher und umrunden die Schneeflocken. Immer, wenn die Musik stoppt, müssen sich die Kinder schnell eine Schneeflocke als Sitzplatz suchen.

Dann setzen sich die Mütter in einen Kreis und nehmen ihre Kinder auf den Schoß. Sie sprechen miteinander den folgenden Reim:

»Pitsch, patsch, patsch,
durch Regen und durch Matsch.
Und wer hier nicht weiter kann,
der zieht sich Gummistiefel an.
Pitsch, patsch, patsch.«
(Die Füße des Kindes werden dabei von der Mutter im Rhythmus aneinandergeschlagen.)

Im Freispiel werden die Schaufeln von der Pflanzaktion von den Kindern weiterverwendet, um zu »gärtnern«.

Im Schlusskreis singen wir das Lied »Alle Leut gehn jetzt nach Haus« und sagen miteinander den Spruch »Erst die Rechte, dann die Linke, sagen beide: winke, winke!«

Anna nimmt ihre Maske ab und schmiegt sich an Max: Oh ja, ich mag gern von dir getröstet werden. Da geht es mir schon gleich ein bisschen besser.

Max: Mir fällt noch ein Lied ein. Das geht so: »Wenn du traurig bist, dann wein doch einfach mal ... Ja, du kannst es allen zeigen, musst Gefühle nicht verschweigen, wenn du traurig bist, dann wein doch einfach mal« (nach der Melodie »Von den blauen Bergen kommen wir«).

Anna: Das ist schön, das Lied. Das werde ich meiner Mama vorsingen.

Max: Weißt du was? Wir singen das mit allen Kindern! Und Beate kann uns auch noch die anderen Strophen dazu beibringen.

Lied mit Bewegungen: (nach der Melodie »Von den blauen Bergen kommen wir«):

1. Wenn du glücklich bist, dann ruf mal laut: Hurra, hurra!
Wenn du glücklich bist, dann ruf mal laut: Hurra, hurra!
Refrain:
Ja, du kannst es allen zeigen, musst Gefühle nicht verschweigen,
wenn du glücklich bist, dann ruf mal laut: Hurra!

2. Wenn du traurig bist, dann wein doch einfach mal ...

3. Wenn du zornig bist, dann stampf mal mit dem Fuß ...

4. Wenn du einsam bist, dann such dir einen Freund ...

Abschluss

Zum Schluss wird ein selbstgebackener »Clownkuchen« gemeinsam verzehrt. Danach gibt es noch Möglichkeiten zum freien Spiel.

Zusätzliche Ideen für die Abschluss-Phase:

- *Clown füttern (Wurf-Clown):* Aus einer großen Pappe (1,5 m) wird ein Clowngesicht geschnitten und gemalt. Der große, offene Mund ist dabei ausgeschnitten und mit einem Netz hinterklebt. Befestigt wird der fertige Clown mit Hilfe einer Schnur frei im Raum. In den offenen Mund können die Kinder Bälle werfen und so den Clown »füttern«.
- *Lied:* »Bist du groß oder bist du klein oder mittendrin: Gott liebt dich! Er liebt dich, wenn du lächelst, er liebt dich, wenn du weinst . . .« (»Unser Kinderliederbuch« Nr. 301)
- *Clownmaske basteln:* Ein weißer Pappteller wird mit Augenlöchern versehen und von den Kindern mit vielen roten Wollfäden (Haaren) am oberen Rand beklebt. Der Mund und die runde Nase (vorgeschnitten) aus Moosgummi werden ebenfalls einfach aufgeklebt.

▶ Thema: **Das Lied vom Häuserbauen**
▷ Text: Matthäus 7,24-27
▷ Zielgedanke: Wenn wir Jesus vertrauen, sind wir sicher – so wie der Mann, der sein Haus auf Fels gebaut hat

Einleitung

Begrüßung und Lied: »Wer will fleißige Handwerker sehn?« Dabei überlegen wir gemeinsam mit den Kindern, welche Handwerker sie kennen und was die machen. Die Ideen der Kinder werden aufgegriffen und Strophe für Strophe in das Lied eingearbeitet. Den Abschluss sollte die Strophe »Stein auf Stein, das Häuschen wird bald fertig sein« bilden.

Erarbeitung

Heute geht es bei uns um das Bauen. Wir lernen dazu das Bewegungslied »Der Kluge baut sein Haus auf Felsengrund«.

(Text und Melodie mündlich überliefert)

Bewegungen bei den Worten:
Kluge = Hände aufeinander nach oben bewegen
Haus = Hände zu einem Dach formen
Felsengrund = Fäuste aufeinander legen
Regen = Beide Hände von oben nach unten bewegen, Finger bewegen
Flut = Hände von unten nach oben bewegen
blieb steh'n = Hände aufeinander legen
Sand = Hände von innen nach außen bewegen. Finger bewegen
fiel um = Einmal klatschen

Handpuppenspiel: »Anna und Max«

Max: Hallo Kinder, habt ihr meine Freundin Anna schon gesehen?

Anna keucht etwas außer Puste an: Hallo, Kinder! Hallo Max! Eben hab ich gehört, wie ihr gesungen habt – und da bin ich ganz schnell gerannt, um noch rechtzeitig in den Mini-Club zu kommen!

Max: Na, du bist ja wirklich außer Puste!

Anna: Ja, und weißt du, was ich gehört habe? Die Kinder singen was Komisches!

Max: Was denn?

Anna: Ein Lied von einem Mann, der klug ist, und von einem, der dumm ist. Und der Dumme baut sein Haus in einen Sand-

kasten. Das gibt's doch gar nicht! Ein Sandkasten ist doch viel zu klein für ein richtiges Haus, oder?

Max: Na, der hat es doch auch nicht in einen kleinen Sandkasten gebaut, sondern auf ganz, ganz viel Sand. So wie am Nordseestrand, wo du im Sommer mit deinen Eltern Urlaub gemacht hast. Aber eigentlich ist das Lied eine richtige Geschichte. Die Geschichte steht in der Bibel. Jesus hat sie erzählt. Kennst du sie nicht?

Anna: Die Geschichte? Nein, die hat meine Mama mir noch nie erzählt. Das hätte ich mir doch gemerkt, wenn da einer ein Haus im Sand baut. Ich bau doch auch so gerne mit meinen Duplosteinen. Und wenn meine Häuser dann kaputtgehen, bin ich ganz traurig.

Max: Das glaub ich, dass du dann traurig bist. Aber weißt du was? Wir können uns die Geschichte doch heute richtig erzählen lassen. Hast du Lust?

Anna: Au ja! Kommt, Kinder, wir singen nochmal das Lied vom Häuserbauen und dann hören wir, wie die Geschichte dazu geht.

Geschichte: »Das Haus auf dem Felsen« – mit Bilderbuch oder Overheadfolien erzählt nach dem Buch: »Von Schafen, Perlen und Häusern« von Nick Butterworth und Mick Inkpen, Onken Verlag, Wuppertal und Kassel 1995.

Abschluss

Aktion: Wir bauen mit unseren Eltern ein Haus aus Pappe.

Sechs gleich große Pappteile (ca. 1,2 m x 1,2 m) aus Verpackungskartons (Versandabfall im Einzelhandel) sind vorbereitet worden. Die Kinder und ihre Eltern können zunächst die vier Seitenteile zusammenstellen und mit Paketklebeband fixieren. Danach werden Fenster und eine Tür eingeschnitten (Teppichmesser) und aus den restlichen beiden Pappteilen das Dach aufgeklebt. Anschließend wird das ganze Haus bunt angemalt. (Das ist für die Kleinen das Tollste!)

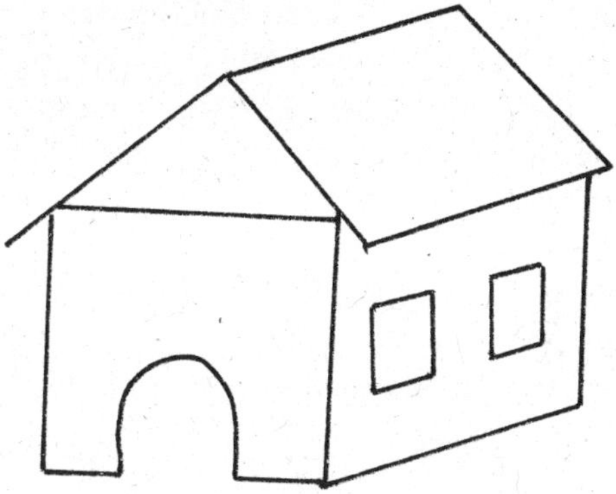

Der Übergang zum freien Spiel ist fließend: Die Kinder ergreifen sicher von sich aus die Initiative, schleppen Plastikgeschirr und Plüschtiere an und beginnen »ihr« Haus einzurichten und damit zu spielen.

Zusätzliche Spielidee: Baustoffhändler

Vier Mütter haben je ein Stofftier in einer der vier Grundfarben auf dem Schoß. Eine Kiste Bausteine wird in der Mitte ausgekippt. Nun können die Kinder die Bausteine nach Farben sortiert bei den entsprechenden Tieren anliefern (evtl. mit Kipper, Lastwagen und Kran): Die grünen Klötze müssen zur grünen Raupe, die blauen zum blauen Elefanten . . . (Hat man keine entsprechend farbigen Stofftiere, genügt es auch, dem Tier ein gelbes, rotes, blaues oder grünes Schild umzuhängen).

Was können wir sonst noch zusammen tun?

In vielen Kreisen entsteht der Wunsch, sich ab und zu auch einmal im erweiterten Kreis der vollständigen Familien zu treffen und gemeinsam etwas zu unternehmen.

Eine gute Fortsetzung der Arbeit im Mutter-Kind-Kreis sind zum Beispiel Eltern-Kind-Nachmittage im Gruppenraum oder Ausflüge ins Grüne, an denen auch Väter, ältere Geschwisterkinder oder sogar die Großeltern teilnehmen können.

Die verschiedenen Jahreszeiten bieten viele Anlässe für gemeinsame Unternehmungen:

- ein Frühlingsfest im Gruppenraum, bei dem die Fenster mit Fingerfarbe oder Frühlingsblumen-Basteleien dekoriert werden und wo jeder etwas in einen mitgebrachten Blumentopf pflanzen kann;
- ein Ausflug ins Grüne mit Wettspielen für Große und Kleine und einer Grill-Fete als Abschluss an einem schönen Sommertag;
- im Herbst ein »Schirm-Fest« zu Psalm 91 mit Familienspielen, an dem sich die einzelnen Mitglieder der verschiedenen Familien durch gemeinsame Aufgaben kennen lernen;
- ein gemütlicher Bastel- und Singe-Nachmittag im Advent, der gleichzeitig Anregungen für die Gestaltung von Adventsnachmittagen zu Hause bietet.

In jedem Fall sollen auch bei diesen Treffen die gewohnten Fingerspiele und Bewegungslieder aus dem Mutter-Kind-Kreis eine Rolle spielen, damit die Kleinen sich in Vertrautem wiederfinden können. Die Spiel- und Bastelvorschläge in den einzelnen Entwürfen sind dagegen eher für die älteren Geschwisterkinder gedacht, die auch ihren Platz innerhalb der Gruppe finden und eine altersentsprechende Aufgabe haben sollen. Je nach der Altersspanne in Ihrem Kreis müssen die Vorschläge natürlich variiert werden.

Gute Erfahrungen haben wir darüber hinaus mit separaten Eltern-Treffs (ohne Kinder) am Abend gemacht. Einmal im Monat trafen wir uns zum Gespräch über Themen, die nach der Reihenfolge in einer »Hitliste« der am meisten angekreuzten Wünsche ausgewählt wurden. Reihum arbeitete jeweils ein Ehepaar Gedankenanstöße zum Thema aus - und meistens gab es sehr offene Gespräche. Schwerpunkt war dabei die Auseinandersetzung mit der eigenen Prägung und Erziehung. (Wie können wir vermeiden, den Kindern unreflektiert Dinge weiterzugeben, die ihnen später keine Hilfe sind, sondern sie nur belasten?)

Einige Themen für Eltern-Treffs:

- Christliche Erziehung - gibt es die überhaupt?
- Versöhnung mit meiner Prägung und Familiengeschichte
- Unsere Bilder von Gott - was vermitteln wir unseren Kindern?
- Zwischen autoritärer und anti-autoritärer Erziehung
- Schöpfungsgemäß leben - welche Welt hinterlassen wir unseren Kindern?
- Meine Werte - deine Werte - unsere Werte
- Unsere Unterschiedlichkeit als Paar
- Das Zwiegespräch - eine Konfliktlösungs-Strategie
- Beten mit Kindern - wie macht man das?
- Ehre Vater und Mutter - Bindung und Ablösung
- Kinder stark machen - zu stark für Drogen
- Geschwisterkonstellationen
- Das Ostergeschehen Kindern verständlich machen
- Spuren vom alten ins neue Jahr

Der Eltern-Kind-Treff

Um zu den Gesamtfamilien der Mutter-Kind-Kreis-Besucher Kontakte zu knüpfen, eignet sich zum Beispiel ein »Eltern-Kind-Nachmittag«. Vier bis sechs Wochen vorher werden kleine Einladungszettel mit dem Termin und dem Thema des Nachmittags verteilt, zum Beispiel »Unter dem Schirm . . .« als Abschluss einer kleinen Reihe zu den Psalmen.

Der Gruppenraum (oder eventuell ein größerer Gemeinderaum) wird für dieses Ereignis mit ganz vielen Schirmen dekoriert, die unter anderem an der Decke oder an den Wänden befestigt werden.

Wir beginnen mit dem *Begrüßungslied:*
»Ich freue mich und springe«

2. Ich habe Hände – ich bin gesund,
kann damit klatschen – 'ne ganze Stund'! (2 x)
3. Ich habe Füße – ich bin gesund,
kann damit trampeln – 'ne ganze Stund'! (2 x)

(Text und Melodie mündlich überliefert)

Zu Beginn des Liedes stehen Mütter bzw. Väter und Kinder im Kreis und beginnen mit dem Refrain. Bei »springe« wird ein Luftsprung gemacht, bei »Gott sei Dank« wird jedes Wort mit einem kräftigen Klatschen unterstrichen. Bei »Augen/Hände/Füße« die jeweiligen Körperteile zeigen, bei »schauen« eine Hand über die Augen legen und in die Runde schauen, bei »klatschen - 'ne ganze Stund!« ausdauernd klatschen, bei »trampeln - 'ne ganze Stund!« laut und lange trampeln.

Danach kann jeder seinen Namen sagen und eine Geste dazu machen (winken, klatschen, hüpfen, lesen, riechen etc.); bei den ganz kleinen Kindern können die Mütter helfen.

Anschließend werden die Familien neu zusammengesetzt, indem jeder Gast einen Zettel zieht (Mütter bzw. Väter und Kleinkinder ziehen jeweils gemeinsam), auf dem der neue »Familienname« (zum Beispiel Zwerg, Berg, Maus, Haus, Ball, Knall) und die Familienzugehörigkeit (Opa, Oma, Papa, Mama, Tochter, Sohn) stehen.

Tochter Zwerg, Opa Berg, Mama Maus, Sohn Haus, Papa Ball, Oma Knall und all' die anderen suchen jetzt mit lautstarkem Rufen ihre eigene Familie und setzen sich dann, wenn sie sie gefunden haben, in einen Kreis.

In diesen neu entstandenen Familiengruppen sind nun bestimmte Aufgaben zu lösen, zum Beispiel:

- die Vornamen aller Familienmitglieder aufschreiben und die Buchstaben zusammenzählen;
- die reichste Familie ermitteln: alle Pfennigstücke in einer Schale sammeln;
- die älteste Familie herausfinden: das Alter aller Gruppenteilnehmer zusammenzählen;
- die dichterisch begabteste Familie erkennen: einen Vierzeiler zum Thema des Nachmittags schreiben;
- die sangeskräftigste Familie ermitteln: den Vierzeiler nach einer bekannten Melodie vorsingen;

- die kreativste Familie finden: ein Geschenk aus »wertlosem Material« basteln;
- die witzigste Familie erkennen: eine Gruppen-Skulptur zum Familiennamen darstellen etc.

Zwischendurch kann immer mal wieder eins der bekannten Bewegungslieder aus dem Mutter-Kind-Kreis gesungen werden, damit auch die älteren Geschwister und die Väter sie kennenlernen.

Nach getaner »Arbeit« gibt es natürlich auch etwas zu essen (verschiedene Obstsorten und Knäckebrot oder Kaffee, Saft und Kuchen – je nach Geschmack). Mit dem Lied »Miteinander essen, das kann schön sein« (»Unser Kinderliederbuch«, Nr. 272) steigen wir in die Kaffeepause ein und erzählen dann kurz etwas zum Thema des Nachmittags, zum Beispiel: »Sicher habt ihr euch schon gefragt, warum hier so viele Schirme herumstehen. Wozu braucht man eigentlich einen Schirm?« Mögliche Antworten: »Wenn es regnet, damit man nicht so nass wird«; »meine Oma nimmt ihren als Gehstock«; »damit man keinen Sonnenstich bekommt, wenn es ganz heiß ist«.

»Ein Schirm gibt also Schutz, Sicherheit und Halt. Genauso ist ein Wort aus den Psalmen gemeint, das so heißt: ›Wer unter dem Schirm Gottes lebt und bei ihm, der alle Macht hat, bleiben darf, der sagt zum Herrn: Du bist meine Zuflucht, bei dir bin ich sicher wie in einer Burg. Mein Gott, ich vertraue dir!‹ Das heißt: wenn ich unter Gottes Schutz stehe, dann bin ich geborgen. Auch wenn ich Schwierigkeiten habe und mir Schlimmes passiert, weiß ich, an wen ich mich mit meinen Ängsten und Sorgen wenden kann. Gott ist jemand, der mir zuhört in meiner Not, der mich ernst nimmt, der mich tröstet. Viele Psalmbeter haben in großer Verzweiflung angefangen, Gott ihre Situation zu klagen. Aber im Gespräch mit Gott ändert sich ihr Blickwinkel. Sie erinnern sich an alle bisherigen Ereignisse, bei denen Gott ihnen trotz aussichtsloser Lage dann doch noch geholfen hat – und bekommen Mut, auch das neue angstmachende Geschehen mit Gottes Hilfe durchstehen zu können. Manche Psalmen enden dann sogar mit einem großartigen Lob auf den Gott, der einen nie im Stich lässt.«

Wir lernen dazu gemeinsam das Lied:
»Psalmen sind Lieder«

2. Geh in den Osten, dort hörst du sie klingen.
Geh in den Westen, dort vernimmst du sie auch.
In allen Kirchen und in den Gemeinden
sind sie viel mehr als nur ein uralter Brauch. Singt sie mit . . .

3. Singt sie, ihr Armen, und singt auch, ihr Reichen.
Ob ihr gesund seid, ob traurig, ob krank,
ob ihr allein seid oder Angst habt vor morgen,
nichts hilft so gut wie ein Lied und ein Dank. Singt sie mit . . .

Melodie: Hella Heizmann; Text: Johannes Jourdan
Rechte: Hänssler-Verlag, Neuhausen-Stuttgart

Zum Schluss werden mit den größeren Geschwisterkindern Schirme ausgeschnitten; die kleineren Kinder können sie mit Klebepunkten verzieren. Wer mag, kann dann noch auf die Rückseite des Schirms ein vorbereitetes Wort aus dem Psalm 91

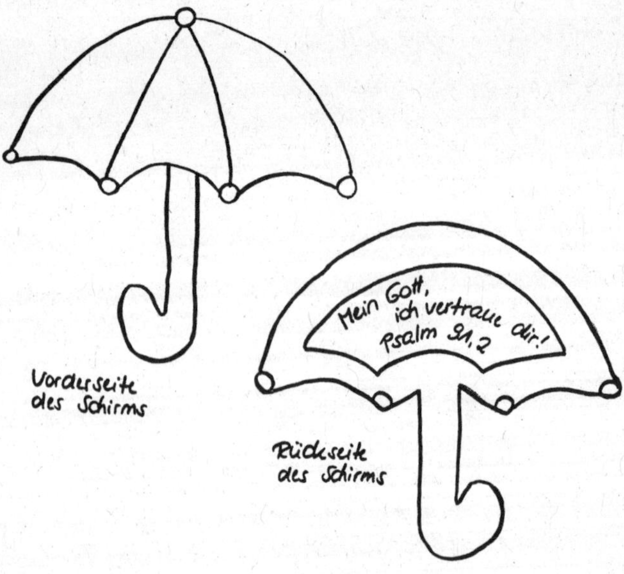

kleben; zum Beispiel: »Mein Gott, ich vertraue dir« (Psalm 91,2), oder: »Er breitet seine Flügel über dich, ganz nahe bei Gott bist du geborgen« (Psalm 91,4), oder: »Du musst keine Angst mehr haben vor Gefahren und Schrecken bei Nacht« (Psalm 91,5), oder: »Gott hat seinen Engeln befohlen, dich zu beschützen, wohin du auch gehst« (Psalm 91,11).

Mit dem nochmaligen Singen des Liedes »Psalmen sind Lieder aus uralten Zeiten« und dem vertrauten Abschiedsgruß wird das Eltern-Kind-Treffen beendet.

Der Eltern-Kind-Nachmittag im Advent

Mit einem selbstgebastelten braunen Papp-Lebkuchenherz werden alle Familienangehörigen zu einem Adventsnachmittag in die Gruppe eingeladen und gebeten, eine große Familienkerze und einige Plätzchen mitzubringen.

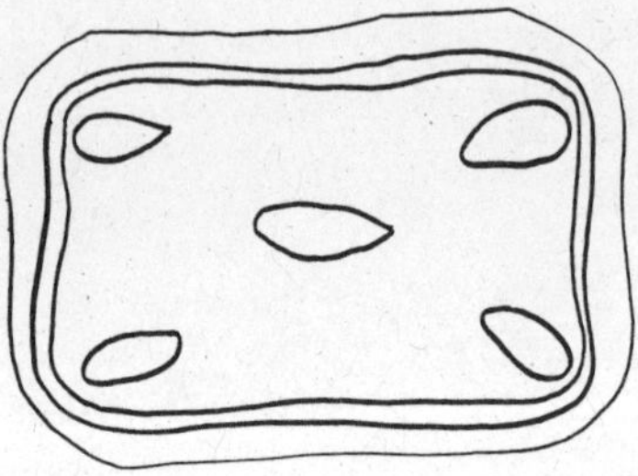

Der Gruppenraum ist an diesem besonderen Tag mit vielen brennenden Teelichtern geschmückt. Während alle nach und nach eintreffen, wird immer wieder das Lied: »Tragt in die Welt nun ein Licht. Sagt allen: Fürchtet euch nicht! Gott hat euch lieb, groß und klein. Seht auf des Lichtes Schein!« (»Unser Kinderliederbuch«, Nr. 92) angestimmt und mal laut, mal leise gesungen. Dabei werden alle Neuankömmlinge in die Schlange eingeladen, die sich gemächlich durch den Gruppenraum bewegt.

Danach setzen sich alle Familien zusammen, um ihre Familienkerze mit Wachsplättchen zu verzieren. Wenn die kleineren Kinder schnell die Lust verlieren, nachdem sie ein paar Wachsteile aufgeklebt haben, ist das nicht schlimm; sie haben jedenfalls auch zum »Gesamtkunstwerk« beigetragen. Die älteren Kinder werden sicher gemeinsam mit den Eltern alles daran setzen, damit ihre Familienkerze die schönste wird!

Nach der gemeinsamen Arbeit kommt das gemeinsame Feiern: bekannte Adventslieder werden gesungen und die leckeren Plätzchen dürfen jetzt verspeist werden.

Anschließend gibt es verschiedene Angebote: Eine Gruppe kann Kekshäuschen basteln, eine andere Kerzenständer herstellen und eine dritte Schneeflocken bzw. Sterne ausschneiden. Wer keine Lust zum Basteln hat, darf spielen.

1. Kekshäuschen

Zutaten für ein Häuschen: 2 Butterkekse, 2 kleine Schokoladen-Lebkuchenherzen, 2 Gummibärchen.

Für den Puderzuckerguss: Puderzucker mit einigen Tropfen Zitronensaft anrühren, bis eine klebefähige Masse entsteht.

Bastelanleitung: Fundament oder Grundlage des Hauses ist ein Butterkeks. Dann werden die zwei kleinen Lebkuchenherzen mit Puderzuckerguss zusammengeklebt und »kopfüber« auf dem Butterkeks festgeklebt (natürlich auch mit Puderzuckerguss). Der zweite Butterkeks wird in der Mitte durchgeschnitten und als Dach auf die Lebkuchenherzen geklebt (muss eine Weile festgehalten werden, bis er genug haftet; dabei müssen die Eltern helfen). Nun kann das Ganze noch verziert werden, zum Beispiel mit Puderzuckerguss als Schnee auf dem Dachgiebel oder rings ums Haus. Zwei Gummibärchen als Hausbewohner, die gerade im Vorgarten stehen, sehen auch sehr niedlich aus.

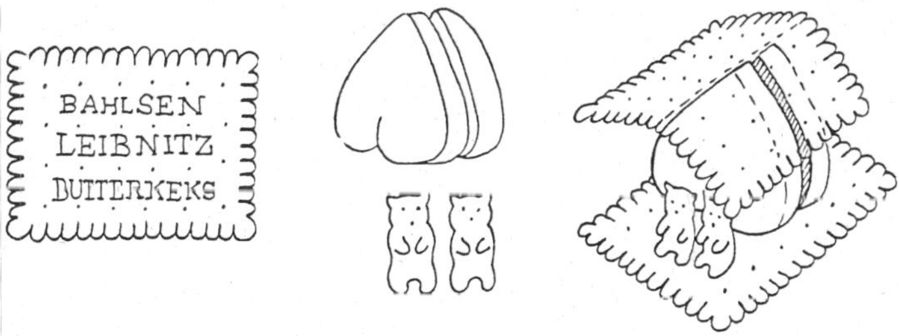

Das Kekshäuschen eignet sich gut zum Verschenken in der Weihnachtszeit - aber auch zum Selbst-Behalten und Aufessen . . .

Als einfachere Version für kleinere Kinder kann man statt der Lebkuchenherzen einen Dominostein als Haus und zwei Schoko-Waffelblätter als Dach aufkleben. (Nur-Dach-Variante).

2. *Kerzenständer*

Material: Ton, Pinsel und Ölfarbe oder Fimo.

Auf der darunterstehenden Zeichnung sieht man, wie die Kerzenständer geformt werden können. Wichtig ist, darauf zu achten, dass das Loch für die Kerze nicht größer ist als die Kerze selbst. Unten muss der Kerzenständer ganz flach sein, sonst steht er nicht. Getrocknet werden kann er im Backofen. Die Kerzenständer aus Ton können danach noch mit Ölfarbe bemalt werden.

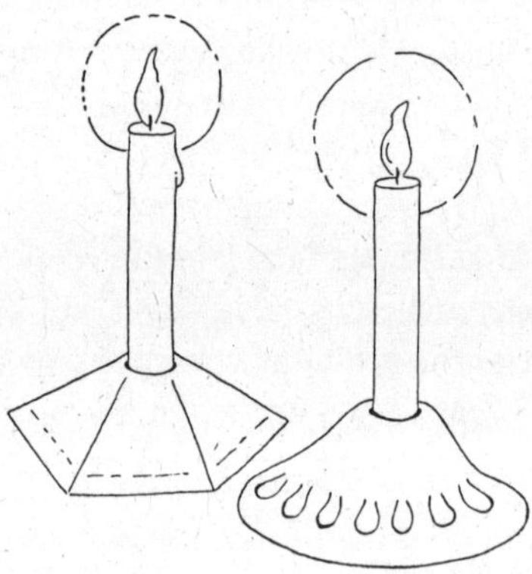

3. *Schneeflocken*

Material: weiße DIN A 4-Blätter, kleine Bastelscheren.

Auf einem DIN A 4-Blatt durch Falten sechs gleich große Quadrate markieren und ausschneiden. Jedes Quadrat mehrmals von der Mitte her falten und mit einer kleinen Bastelschere Dreiecke ausschneiden. Nach dem Aufklappen ergeben sich ganz unterschiedliche Schneeflocken – jede ein Original!

Nun singen wir gemeinsam das Lied »Jetzt ist es wieder höchste Zeit«. (»Unser Kinderliederbuch« Nr. 304)

Falls noch genug Aufnahmefähigkeit bei allen da ist, das Gedicht »Gott kommt zu uns« vorlesen:

1. Kind: Gott kommt zu uns.
Wir müssen nicht mehr zweifelnd nach ihm fragen.
Gott kommt zu uns, um seine Gnade allen anzusagen.
Gott kommt zu uns und lässt uns wieder hoffen.
Sein großes Herz ist für uns alle offen.
Gott kommt zu uns.

2. Kind: Gott kommt zu uns.
Die Krippe und das Kreuz sind seine Zeichen.
Gott kommt zu uns, und unsre Trauer muss der Freude weichen,
denn Gott lässt uns durch seine Liebe leben,
dass wir sie andren liebend weitergeben.
Gott kommt zu uns.

3. Kind: Gott kommt zu uns.
Er kommt herab von seinem ew'gen Thron.
Gott kommt zu uns und wird uns gleich in Jesus, seinem Sohn.
Er schenkt uns seine wunderbaren Gaben,
dass wir für alle Zeit zu leben haben.
Gott kommt zu uns.

4. Kind: Gott kommt zu uns,
wir müssen uns nicht mehr zu ihm bemühen.
Gott kommt zu uns. Er kommt zu uns in einem kleinen Kinde,
dass er mit dem, was klein ist, sich verbinde.
Gott kommt zu uns.

(Johannes Jourdan, Ulmtal Musikverlags GmbH, Greifenstein)

Zum Abschluss können alle gemeinsam mit ihren verzierten Familienkerzen und dem Lied »Tragt in die Welt nun ein Licht« wieder aus dem Gruppenraum ausziehen und sich so verabschieden.

Der Eltern-Kind-Ausflug

Schön ist eine gemeinsame Anfahrt mit dem Bus, weil man so schon mal miteinander singen und Ratespiele machen kann. Außerdem können Informationen zum Ablauf des Tages, zum Ort etc. gegeben werden. Aber auch die Anfahrt in den eigenen PKWs kann man schon zum Kennenlernen nutzen, wenn für die Fahrt »neue Familien« durch ein Spiel (siehe Eltern-Kind-Treff) zusammengestellt werden.

Wir haben einen solchen Tag unter das Thema »Heißa, wir dürfen leben« (»Unser Kinderliederbuch«, Nr. 247) gestellt und im Bus schon das Lied dazu eingeübt. Am Ausflugsziel angekommen, haben wir einige Tier-Bewegungslieder gesungen (Der Tausendfüßler, Die Schnecke) und eine Kurz-Andacht (5 Minuten) zu »Gottes gute Schöpfung – von Menschen bedrohte Schöpfung« mit Bezug auf das Lied »Heißa, wir dürfen leben« gehalten, die für Eltern und Kinder gleichermaßen verständlich war.

Bewegungslied: »Der Tausendfüßler«

(Kinder und Eltern bilden eine Schlange und bewegen im Text die Beine nach rechts und links).

Oh weh, o weh, die Tür verschlossen und kein Platz zum Steh'n und Dreh'n!
Welch' ein Entschluss: Unser Tausendfüßler muss
nun mit allen tausend Füßen rückwärts gehn.

(Text und Melodie mündlich überliefert)

Bewegungslied »Die Schnecke«

(Text und Melodie mündlich überliefert)

Nach einer Kaffee- und Saft-Pause mit selbstgebackenem Kuchen und mitgebrachten Keksen gab es einen Tiere-Spiele-Parcours, bei dem Eltern und Kinder miteinander und gegeneinander Wettspiele machen konnten:

- Frosch-Hüpfen
  (mit alten Kartoffelsäcken aus Jute; ersatzweise kann man auch große Plastiksäcke nehmen);
- Schlangen-Reißen
  (aus einer Zeitungsseite ganz vorsichtig Papierschlangen reißen);
- Känguru-Springen
  (eine bestimmte Strecke mit Hüpfbällen zurücklegen);
- Käfer-Krabbeln
  (so schnell wie möglich auf allen Vieren durch einen Kriechtunnel krabbeln);
- Affen-Zielwerfen
  (alte angemalte Konservendosen aufeinanderstellen, mit Tennisbällen möglichst viele Dosen umwerfen);
- Fische-Fangen
  (aus einem aufgeblasenen Kinderplanschbecken bunt angemalte Toilettenrollen mit kleinen Stöcken angeln);
- Esel-Schwanz-Stecken
  (einem auf einer Pappwand aufgemalten Esel muss mit verbundenen Augen ein geflochtener Woll-Schwanz angesteckt werden).

Das Schöne an einem solchen Ausflug: Es gibt zwischendurch immer wieder Zeit zum lockeren Unterhalten und Kennenlernen; auch die sonst nicht anwesenden Väter und Geschwisterkinder werden in die Aktionen eingebunden. Manche spannenden Wettkämpfe und herzhaften Lacher ergeben sich, wenn drei Mütter zum Känguru-Wetthüpfen starten oder zwei Väter sich im Käfer-Krabbeln durch den Kriechtunnel an Schnelligkeit überbieten wollen . . .

Die besondere Aktion: eine Mutter-Kind-Freizeit

Die erste Mutter-Kind-Freizeit, an der ich teilnahm, hieß »Kleine Kinder – müde Mütter«. Das Thema sprach mich sofort an, denn das war genau meine Situation. Unsere »Zwerge« waren damals zwei und drei Jahre alt und ich brauchte meine gesamte Kraft, um den ganz normalen Alltag zu überstehen, zumal unser Sohn ständig intensive ärztliche und krankengymnastische Betreuung brauchte. Dabei hatte ich doch solchen Hunger nach »richtigen« Gesprächen, nach Austausch, nach Lesen und Seminaren und all dem, was ich vor der Familienphase gemacht hatte. Sicher, ich hatte mich sehr darauf gefreut, Mutter sein zu dürfen, nachdem es erst so aussah, als ob wir nie Kinder bekommen könnten. Aber dass dieser Job einen mit Haut und Haaren auffrisst, das hätte ich nicht gedacht. Weder am Tag noch in der Nacht wirklich ruhige Zeiten, ständig in Aktion – und das, obwohl ich mich doch wirklich gut auf meine Mutterrolle vorbereitet hatte ...

Es tat ja so gut, mit anderen Müttern zusammen zu sein, zu erfahren, dass es anderen mit quirligen Kleinkindern ganz ähnlich ging, und mal wieder ein anspruchsvolles Gespräch zu führen, das nicht mit Pampers oder Brei, sondern mit dem eigenen Leben zu tun hatte. Mein begeistertes Erzählen von dieser Freizeit führte dazu, dass sich in meinem Heimatort sechs Mütter mit Kleinkindern zusammentaten, um so etwas auch für unsere Freundinnen und deren Kinder anzubieten – in einem Freizeitheim ganz in der Nähe, weil viele sich wegen der oft kränkelnden Kleinkinder nicht trauten, sich allzuweit vom vertrauten Kinderarzt zu entfernen.

Unsere erste selbstgestaltete Freizeit hatte das Thema »Schöpfung«. Wir waren 12 Mütter und 22 Kinder zwischen ein und sieben Jahren. An einem Montagnachmittag begannen wir mit Kennenlern-Spielen und Bewegungsliedern.

Danach gab es das Angebot, aus einfachsten Materialien

Instrumente selbst zu basteln (zum Beispiel zwei Papp-Becher mit einigen Löffeln Reis zu füllen und zusammenzukleben; alte Gefäße mit Pergamentpapier zu bespannen; Holzstücke anzumalen und aufeinander zu schlagen). Jetzt konnte unser gemeinsames Singen eifrig selbst begleitet werden.

Nach dem Abendbrot erzählte jeweils eine von uns Mitarbeiterinnen eine Gute-Nacht-Geschichte für die Kinder - mal mit einem Bilderbuch, mal mit Dias, mal mit Kasperlepuppen.

Die Abende gehörten dann uns Müttern. Mit Entspannungsübungen stimmten wir uns auf die freie Zeit ein und machten danach eine Art Bestandsaufnahme unseres derzeitigen Lebens mit allen Freuden und Schwierigkeiten. Das Grundthema »Zu Hause sein« mit den Unterthemen »In mir selbst zu Hause sein«, »Einander ein Zuhause sein« und »Zu Hause sein bei Gott« zog sich als roter Faden durch die Abende.

Morgens begannen wir nach einer »freien Frühstücksphase« (manche Kinder waren schon um 6 Uhr wach, andere erst um 9 Uhr) mit Bewegungsspielen und -liedern unser gemeinsames Programm im Garten des Freizeitheims. Danach näherten wir uns mit unterschiedlichen Methoden unserem Thema. Grundlage bildete immer ein Teil von Franz Joseph Haydns Oratorium »Die Schöpfung« sowie Dias zu den Ereignissen des jeweiligen Schöpfungstages, mit ganz kurzen Erklärungen.

Wir versuchten unter anderem, dem Geschehen mit unserem Körper Ausdruck zu geben. Es war erstaunlich, was den Kindern ganz allein dazu einfiel! Es brauchte nur eine kleine Anregung, und sie fingen an, das Gehörte umzusetzen. Die Darstellung von Dunkelheit und Licht fiel den Kindern nicht schwer; sie fanden ihre eigene Körpersprache dazu. Bei der Ankündigung: »Im Wasser soll sich Leben regen, und in der Luft sollen Vögel fliegen« setzten sich sogleich ganze Heerscharen von Wassertieren und Vögeln in Bewegung, die um die Wette durch den Gruppenraum liefen, segelten, krabbelten . . .

Mit den etwas älteren Kindern gestalteten wir ein Freizeit-Heft zum Thema. Jeden Tag gab es für die, die Spaß daran hatten, DIN A 6-Blätter mit einem Satz, den die Mütter dazu aufschrieben:

1. Am Anfang schuf Gott Himmel und Erde
   (blauer Himmel und braune Erde, mit Wachsmalstiften gemalt);
2. Gott machte es tagsüber hell und nachts dunkel
   (weißes und schwarzes Buntpapier nebeneinander aufgeklebt);
3. Gott machte den Himmel und das Wetter
   (Watte-Wölkchen mit Regentropfen);
4. Gott machte die Sonne, den Mond und die Sterne
   (mit Klebestiften Umrisse aufmalen und Gold- und Silberflitter darüberstreuen);
5. Gott machte Land und Wasser
   (aus Reise-Katalogen Land und Wasser ausschneiden und aufkleben);

6. Gott machte Blumen und Bäume
   (gepresste Blumen und Blätter aufkleben);
7. Gott machte Wassertiere
   (Fische mit Wachsmalstiften malen);
8. Gott machte Landtiere
   (Marienkäfer aus rotem Kerzenwachs auftropfen und mit schwarz gemalten Beinen versehen);
9. Gott machte den Menschen
   (aus Pfeifenreiniger einen Menschen formen und an einem Faden ins Heft kleben).

Die kleineren Kinder hatten Spaß an Salzteig- und Knet-Arbeiten (Sterne, Fische, Schnecken etc. aus Salzteig formen) und einer Riesen-Tapetenrolle, auf der sie nach Herzenslust alles malen konnten, was ihnen einfiel – zum Thema »Schöpfung« gehört ja eigentlich alles, oder?

Am Donnerstagnachmittag kehrten wir nach einem ermutigenden »Wort auf den Weg« wieder in unseren Mutter-Kind-Alltag zurück, gestärkt durch neue Impulse und gute Gespräche – und mit Dankbarkeit gegenüber Gott, dass wir diese Tage gemeinsam erleben konnten!

Margit Lambach

Die Autorinnen:

Simone Ahlbrecht, geb. 1963, Krankenschwester und Mutter von zwei Töchtern, leitet seit 1993 einen Mutter-Kind-Kreis in Kassel mit ca. zehn bis fünfzehn Müttern mit ihren ein bis drei Kindern zwischen 0 und 6 Jahren.

Astrid Berg, geb. 1960, Grundschullehrerin und Mutter eines Sohnes, engagiert sich seit Herbst 1991 in Mutter-Kind-Gruppen. Ihre schulische Tätigkeit, unter anderem als Religionslehrerin, führte sie zur Gestaltung und Durchführung von Krabbel-Gottesdiensten. 1996 zog sie mit ihrer Familie von Darmstadt nach Cottbus.

Claudia Filker, geb. 1957, Theologin und Familienfrau, lebt mit ihrem Mann und ihren sechs Kindern in Berlin und arbeitet dort in der evangelischen Erwachsenenbildung und in der Berliner Stadtmission. Seit 8 Jahren leitet sie dort Eltern-Kind-Gruppen für Kinder von 0 bis 3 Jahren. Ebenfalls seit 8 Jahren ist sie in der Bibelfrühstücksarbeit für Mütter mit Kleinkindern und bei Frauenfreizeiten tätig.

Beate Gaebler, geb. 1962, gelernte Industriekauffrau, zur Zeit Hausfrau und Mutter von zwei Kindern, arbeitet stundenweise im eigenen Geschäft mit, hat früher vor allem Jungschararbeit gemacht und ist aktiv in Bibellesekreisen für Mütter mit Kleinkindern. 1994 hat sie gemeinsam mit Monika Ittner den »Mini-Club« in Melsungen gegründet.

Monika Ittner, geb. 1962, Gemeindediakonin, verheiratet und Mutter einer Tochter, lebt in Melsungen und arbeitet mit ihrem Mann in der Landeskirchlichen Gemeinschaft vor Ort. Seit zehn

Jahren leitet sie Kindergruppen in unterschiedlichen Altersklassen. Als Honorarkraft arbeitet sie außerdem in Gruppen für behinderte und nicht behinderte Kinder.

(Angaben zu Margit Lambach siehe ganz vorn auf Seite 2.)